成都中醫藥大學“杏林學者”學科人才科研提升項目：四川民國中醫文獻整理研究（項目編號：XSGG2019021）

四川民國中醫文獻聯合目録

林英　劉軍　主编

西南交通大学出版社
·成　都·

圖書在版編目（CIP）數據

四川民國中醫文獻聯合目録 / 林英，劉軍主编. —
成都：西南交通大學出版社，2020.11
ISBN 978-7-5643-7833-2

Ⅰ. ①四… Ⅱ. ①林… ②劉… Ⅲ. ①中國醫藥學 -
文獻 - 聯合目録 - 四川 - 民國 Ⅳ. ①Z88：R2

中國版本圖書館 CIP 數據核字（2020）第 224514 號

Sichuan Minguo Zhongyi Wenxian Lianhe Mulu
四川民國中醫文獻聯合目録
林英　劉軍　主编

責任編輯	郭發仔
助理編輯	李　欣
封面設計	曹天擎
出版發行	西南交通大學出版社 （四川省成都市金牛區二環路北一段 111 號 西南交通大學創新大厦 21 樓）
發行部電話	028-87600564　028-87600533
郵政編碼	610031
網　　址	http://www.xnjdcbs.com
印　　刷	成都蜀通印務有限責任公司
成品尺寸	165 mm×230 mm
印　　張	14.25
字　　數	253 千
版　　次	2020 年 11 月第 1 版
印　　次	2020 年 11 月第 1 次
書　　號	ISBN 978-7-5643-7833-2
定　　價	76.00 元

編委會

前　言

中醫藥經過漫長的發展，逐漸形成了博大精深的中醫藥學文化，留下浩如煙海的中醫典籍文獻，具有歷久彌新的史學及實用價值。作爲傳承中醫藥學的物質載體，中醫藥典籍在傳統文獻中占有很大比重，是中華文化不可或缺的重要組成部分。它們是各民族集體智慧的結晶，澤被後世，普惠衆生，受到世人的高度關注。伴隨中醫藥古籍保護整理工作納入“中華古籍保護計畫”，中醫文獻的普查、編目、整理及保護工作不斷深入開展。2019 年 10 月，《中共中央國務院關於促進中醫藥傳承創新發展的意見》為新時代傳承創新發展中醫藥事業指明了方向，提出要“挖掘和傳承中醫藥寶庫中的精華精髓，加强典籍研究利用”“建立國家中醫藥古籍和傳統知識數字圖書館”等。2020 年 4 月,《中共四川省委四川省人民政府關於促進中醫藥傳承創新發展的實施意見》提出:“以建設中醫藥文化宣傳信息系統爲重點，加强中醫古籍和經典名録整理，促進全社會瞭解學習中醫藥文化。充分利用中醫藥大數據資源，推進雲計算、物聯網、人工智能及區塊鏈技術應用，爲全省中醫藥行業發展提供數據支撑”，“推進中醫藥傳承與開放創新發展，挖掘和傳承川派中醫藥文化精髓”等。在當前國家大力弘揚傳統中醫文化的背景下，加快推動中醫藥典籍文獻的研究和傳承，使中醫藥學代代相傳，發揚光大，造福人類，是時代賦予我們的責任。

作爲“數千年未有之大變革”的特殊時期，民國的獨特性在於一切都處於重新構建的狀況。古今中外的碰撞和衝擊，讓明清時臻於發展高峰的中華傳統醫學遭遇嚴重危機，“中西論争”“醫政之争”等，使傳統中醫經歷了迂回曲折、波瀾壯闊的發展階段，中西醫的碰撞、結合，促使醫學、醫政、醫技等各方皆呈多元化發展態勢。堅持傳統、中西結合、發展高等教育等多種形式共進的方式，使具有深厚民族傳統文化底蘊及内涵的民國中醫成為四川近現代文化轉型發展的重要一環並極具特色。專業機構及學院的逐步建立，不僅使近代中醫有了區別於古代中醫的顯著特徵，中醫文獻的整理、研究、出版在這個階段也呈現蓬勃發展趨勢。民國醫家或繼承發揚中醫精粹，或結合中西醫産生新思維，都使民國中醫在“繼承”與“革新”的道路上各有卓著。這些著作不僅呈現出前所未有的新特點，同時也促進了中醫學術思想的傳承與發展，推動了中醫學史的進步。如“衷中參西”“中西匯通”的治療方法成為這個時期的一大特色，為當今的臨床實踐提供了極具研究價值的參考和借鑒。

但四川民國中醫文獻迄今未被專門整理過，其著録、刊刻、現存版本、目録數據等情況都無系統研究。到底四川存有多少民國中醫文獻？與古代中醫相比又有哪些突出特色？地域特點在民國時期的中醫文獻中又有何等變化等問題，在文獻家底未清時，都無明確答案。項目組多名成員自 2010 年便參與全省古籍普查工作，普查、著録、收集整理上百家單位綫裝文獻書目數據，並長期注意收集相關中醫文獻資源。2019 年，筆者申請了成都中醫藥大學“杏林學者”項目，收集整理四川地區迄今存藏的民國時期中醫文獻數據，對文獻進行版本鑒定、元數據的分析與登記著録，形成全省聯合目録（含省、市、縣各級公共圖書館、高校圖書館、博物館等藏有中醫文獻的公藏單位）。希望通過本課題的開展，摸清四川民國中醫文獻家底，承上啓下，促進民國中醫藥及其文獻的整理及挖掘研究。

四川藏有古籍文獻的單位已經有上百家，經過詳細調研核對，其中，共有 59 家單位藏有民國綫裝本中醫文獻（民國平裝本中醫文獻此次暫不統計在内），包括公共圖書館、高校圖書館、博物館、黨校系統等單位。初期匯總達 6000 餘條數據，參照古籍普查著録規則，對重複的數據進行合併，不符合要求的數據進行剔除等工作，符合要求的數據進行版本鑒定、編目著録，最終形成較完整的數據 2169 條。全面反映了四川民國綫裝中醫文獻的存藏現狀，及其清晰的遞藏、發展脉絡，為後期深入研究奠定書目文獻基礎。

通過書目數據，大致可以了解到民國四川中醫文獻的著録仍然延續巴蜀中醫特色，并以傳統研究重點如傷寒、温病等為主要的存藏和刊刻對像，故傷寒、金匱、本草、方書類典籍是現存文獻的主要組成部分，又在前人基礎上彙集成編，使類編書目占比較大。因民國時期社會動蕩，自然災害頻發，醫療衛生條件薄弱，疫病迭發，使這個時期的温病學研究發展較快，温病著作多産。醫經、醫理、醫案、婦科、兒科、針灸推拿等也有進一步的研究發展。新學之醫學作為民國時期的特色文獻，突出反映了中西醫碰撞結合的態勢。在刊刻方式上，刻本、石印本、油印本、影印本、鉛印本、抄本等多種方式共存，印刷更為便捷多樣，反映了出版事業的發展與進步。

在全省範圍内的調查著録過程中，我們發現，許多基層館的古籍文獻常年處於塵封狀態，幾乎無人翻閱，冊次、卷次散亂分存現象普遍，部分館文獻破損十分嚴重，甚至粘連成“書磚”無法翻閱，需經專業修復後才能使用。故在卷次著録時，我們只著録了全書應存卷次，對於缺卷的單位，因無法一一核對，故不單獨標識。因人員及時間等各種條件的限制，我們無法跑遍全省 100 餘家單位,部分館只能根據其提供的普查數據及書影來進行審核補充，因此，數據也可能存在遺漏、舛訛不實的地方，希望得到各位方家指正及補充。項目開展過程中，得到各相關單位大力支持和協助，參與同仁同心協力，保證項目準時高效完成，在此一併致以誠摯謝意！

自古至今，大抵目録學興盛的時期，它的學術也興盛，反之亦然。時至今日，目録學仍然是須重視的學科。故立此項目，意在摸清民國四川中醫文獻家底，厘清發展脉絡，形成準確的全省中醫文獻聯合目録，使參考查詢者可“即類求書，因書究學”。中醫文化博大精深，研究不易，除師生手口傳授及親身實踐之外，唯書籍文獻爲依托，詳列各書名目及主要存藏概況，以目録學爲向導，使學者“辨章學術，考鏡源流”，則事半功倍！

林 英

2020 年 10 月

凡 例

一、收録時間：1912年至1949年之民國中醫文獻。少部分1949年后的綫裝本中醫文獻因内容的連續性及裝幀形制的統一，此次也一并收録。

二、收録範圍：全省所有公藏系統現存民國中醫文獻，包括公共圖書館、博物館、高校圖書館、研究院所等。裝幀形制主要是指綫裝版民國中醫文獻，平裝版中醫文獻暫不收録在内。

三、收録内容：子部醫家類的所有中醫文獻，包括類編、醫經、本草、方書、温病、婦科、兒科、綜合等各類别；新學中的醫學部分，包括内科、外科、藥品、衛生學等。現存民國時期的日本中醫文獻刊本也收録在内。

四、内容分類排序：參照《全國古籍普查平臺用户手冊V1.0》標準，按照類編之屬、醫經之屬、醫理之屬等進行先後排序。（詳細内容見附件1）

五、收藏單位排序：從行政規劃上，以省、市（州）、縣（區）、鄉（鎮）為序。市縣排列順序以四川省民政廳區劃地名處編印的《四川省行政區劃簡冊（2019）》為依據。不同行業單位以公共館、高校館、博物館、研究機構為例進行先後排序。收藏單位以簡稱著録。（詳細内容見附件2）

五、著録款目：主要包括：序號、分類、題名卷數、著者、版本、收藏單位。複本書目只著録最全種，不一一登記造冊。

六、著録規則：

本目録以《全國古籍普查登記手冊·漢文古籍著録規則》為著録規則依據。

序號項：按照内容條目依次排序。

題名卷數項：綫裝書書名以首卷卷端所題為准，若有“新修”“重修”等字樣，皆照實著録；卷數是指本書應有的總卷數，叢書則著録種數。

著者項：著者、主編者在前，編纂者在後，若著者有多人，則只列主要著者二至三人，後加“等”字。同一著者，有的以名行，有的以字行，皆照實著録，著者前皆冠以朝代名稱，以卒年為依據，民國著者前不加朝代，外國作者前加國別全名。著作方式如“撰”“集”“輯”等，皆依原書如實著録。著者及年代無法考證者，則以“(□)□□撰”格式著録。異體字統一規范爲通用規范字。

版本項：刻本、抄本、油印本、影印本等皆照實著録，排印本一律著録為鉛印本。部分抄本只能大致推斷在民國末期至中華人民共和國成立初期，無具體抄寫日期，因内容及形制的連貫性，故收録在内，并不標注年代。

收藏單位項：以各單位簡稱著録。

目　録

類編之屬

0001　包氏醫宗十種
子部/醫家類/類編之屬
（清）包育華　包識生著編
民國十九年（1930）包氏醫宗出版部鉛印本
省圖 成都

0002　產科四種
子部/醫家類/類編之屬
（清）閻純璽等編撰
民國上海江東茂記書局石印本
中醫大

0003　陳修園醫書七十種
子部/醫家類/類編之屬
（清）陳念祖撰
民國上海廣益書局石印本
省圖 西充 中醫大

0004　陳修園醫書四十八種
子部/醫家類/類編之屬
（清）陳念祖撰
民國上海錦章圖書局石印本
安州區　中醫大

0005　陳修園先生醫書四十八種
子部/醫家類/類編之屬
（清）陳念祖等撰
一九五四年上海錦章圖書局石印本
川大

0006　陳修園先生醫書新增七十二種
子部/醫家類/類編之屬
（清）陳念祖等撰
民國上海錦章圖書局石印本
省圖 瀘州 南充 崇州 江油 富順 安州區 中醫大

0007　陳修園先生醫書新增五十二種
子部/醫家類/類編之屬
（清）陳念祖等撰
民國上海錦章圖書局石印本
省圖　富順

0008　陳修園醫書二十八種
子部/醫家類/類編之屬
（清）陳念祖撰
民國石印本
省圖

0009　陳修園醫書六十種
子部/醫家類/類編之屬

（清）陳念祖集注
民國八年（1919）上海掃葉山房鴻寶齋書局群學社石印本
南充 德陽

0010　陳修園醫書六種
子部/醫家類/類編之屬
（清）陳念祖撰
民國上海錦章圖書局石印本
中醫大

0011　陳修園醫書七十二種
子部/醫家類/類編之屬
（清）陳念祖撰
民國上海鴻文書局石印本
川師大

0012　陳修園醫書七十種
子部/醫家類/類編之屬
（清）陳念祖撰
民國上海文華書局鉛印本
南溪區

0013　陳修園醫書四十種
子部/醫家類/類編之屬
（清）陳念祖撰
民國上海商務印書館鉛印本
省圖 瀘州 南充 達州 西昌

0014　陳修園醫書四十種
子部/醫家類/類編之屬
（清）陳念祖撰
民國石印本
安州區

0015　陳修園醫書五十種
子部/醫家類/類編之屬
（清）陳念祖撰
民國上海商務印書館鉛印本
犍為 南部 安州區

0016　陳修園醫書二十五種
子部/醫家類/類編之屬
（清）陳念祖撰
民國八年（1919）上海錦章圖書局石印本
南充

0017　陳修園醫書全集五十七種
子部/醫家類/類編之屬
（清）陳念祖撰
民國八年（1919）上海掃葉山房石印本
南充

0018　成都市國醫講習所講義八種
子部/醫家類/類編之屬
成都國醫講習所編
民國有記文華印字館鉛印本
省圖

0019　大字精校陳修園醫書全集不分卷
子部/醫家類/類編之屬
（清）陳念祖撰
民國五年（1916）影印本
西昌

0020　東垣醫書十種
子部/醫家類/類編之屬
（金）李杲等撰　（清）金錫齡校
民國上海文盛書局石印本
德陽

0021　費伯雄先生醫書二種
子部/醫家類/類編之屬
（清）費伯雄著
民國六年（1917）上海萃英書局石印本
省圖　安州區

0022　費氏全集四種
子部/醫家類/類編之屬
（清）費伯雄著
民國元年（1912）孟河費氏耕心堂鉛印本
中醫大

0023　紓溪醫述十五種
子部/醫家類/類編之屬
陸咏媞輯
民國十年（1921）紹興醫藥學報社鉛印本
西昌

0024　古本醫學叢書十種四十卷
子部/醫家類/類編之屬
錢季寅輯
民國二十年（1931）上海中醫書局影印本
南溪區

0025　顧氏醫鏡六種
子部/醫家類/類編之屬
（清）顧靖遠撰
民國十三年（1924）掃葉山房石印本
省圖　川大　中醫大

0026　顧氏醫苑二十種
子部/醫家類/類編之屬
顧培璽著　徐鴻經校訂
民國二十六年（1937）上海千頃堂書局鉛印本
省圖　川大　中醫大

0027　光漢中醫專門學校講義十種
子部/醫家類/類編之屬
黃少祿等編
民國鉛印本
中醫大

0028　國醫講義六種
子部/醫家類/類編之屬
秦之濟述
民國秦氏同學會鉛印本
川大

0029　國醫小叢書三十二種
子部/醫家類/類編之屬
（清）張紹修等著
民國十九年（1930）上海國醫書局石印本
省圖

0030　國醫小叢書三十二種
子部/醫家類/類編之屬
國醫書局編
民國二十年（1931）上海國醫書局鉛印本兼石印本
省圖　中醫大

0031　皇漢醫學叢書七十二種
子部/醫家類/類編之屬
陳存仁編校
民國二十五年（1936）上海世界書局鉛印本
南充

0032　黄氏醫書八種
子部/醫家類/類編之屬
（清）黄元御撰（清）徐樹銘校
民國四年（1915）上海鑄記書局石印本
省圖

0033　黄氏醫書八種
子部/醫家類/類編之屬
（清）黄元御撰（清）徐樹銘校
民國九年（1920）上海錦章圖書局石印本
廣元　南充　西昌　富順　中醫大

0034　回瀾社醫書四種
子部/醫家類/類編之屬
汪紹達輯
民國影印本
省圖

0035　精校足本傅青主男女科二種附一種
子部/醫家類/類編之屬
（清）傅山著　（清）黄廷烈校勘
民國十一年（1922）上海啓新書局石印本
安州區

0036　雷氏醫書三種
子部/醫家類/類編之屬
（清）雷豐等撰
民國成都昌福公司鉛印本
省圖　西昌　川大　中醫大

0037　李氏東垣十書二十二卷
子部/醫家類/類編之屬
（金）李杲撰
民國文盛書局石印本
南充

0038　劉河間傷寒三書
子部/醫家類/類編之屬
（金）劉完素輯　（明）吴勉學校
民國二年（1913）上海江左書林石印本
郫都　中醫大

0039　劉河間傷寒三書
子部/醫家類/類編之屬
（金）劉完素輯　（明）吴勉學校
民國懷德堂石印本
達州

0040　劉河間醫學六書附河間傷寒心要一卷張子和心鏡别集一卷
子部/醫家類/類編之屬
（金）劉完素撰 &河間傷寒心要（金）鎦洪編&張子和心鏡别集（金）常德編
民國二年（1913）上海江左書林石印本
中醫大

0041　劉申叔先生遺書七十四種
子部/醫家類/類編之屬
劉師培撰
民國二十五年（1936）寧武南氏鉛印本
中醫大

0042　六科證治準繩六種
子部/醫家類/類編之屬

（明）王肯堂輯 （清）程永培校
民國三年（1914）上海鴻寶齋書局石印本
省圖 南充 江油 安岳 中醫大

0043 六科證治準繩六種
子部/醫家類/類編之屬
（明）王肯堂輯 （清）程永培校
民國十七年（1928）上海鴻寶齋書局石印本
南充 中醫大

0044 六科證治準繩六種
子部/醫家類/類編之屬
（明）王肯堂輯 （清）程永培校
民國二十四（1935）上海掃葉山房石印本
中醫大

0045 六醴齋醫書十種
子部/醫家類/類編之屬
（清）程永培編
民國十四年（1925）上海千頃堂書局石印本
中醫大

0046 六譯館醫學叢書二十二種
子部/醫家類/類編之屬
廖平輯
民國三年（1914）至五年（1916）成都存古書局刻本
川大 中醫大

0047 閩蜀醫學三字經合編兩種
子部/醫家類/類編之屬
（清）陳念祖 （清）胥敦義著 （清）孫桐生檢閱 （清）龔世楷評訂
民國四年（1915）成都三府會刻本
省圖 江油 郫都 安州區

0048 閩蜀醫學三字經合編兩種
子部/醫家類/類編之屬
（清）陳念祖 （清）胥敦義著 （清）孫桐生檢閱 （清）龔世楷評訂
民國綿陽聚文社刻本
安州區

0049 南雅堂醫書全集
子部/醫家類/類編之屬
（清）陳念祖撰
民國十七年（1928）石印本
遂寧

0050 南雅堂醫書全集二十八種
子部/醫家類/類編之屬
（清）陳念祖編
民國石印本
省圖

0051 南雅堂醫書全集六十種
子部/醫家類/類編之屬
（清）陳念祖撰
民國五年（1916）上海廣益書局石印本
富順

0052 南雅堂醫書全集六十種
子部/醫家類/類編之屬
（清）陳念祖撰
民國八年（1919）掃葉山房鴻寶齋石印本
三臺

0053　南雅堂醫書全集七十二種
子部/醫家類/類編之屬
（清）陳念祖撰
民國上海錦章圖書局石印本
省圖　富順　三臺

0054　南雅堂醫書全集七十二種
子部/醫家類/類編之屬
（清）陳念祖撰
民國上海鴻文書局石印本
川師大

0055　南雅堂醫書全集四十八種
子部/醫家類/類編之屬
（清）陳念祖撰
民國錦章圖書局石印本
綿陽　西昌

0056　南雅堂醫書全集四十八種
子部/醫家類/類編之屬
（清）陳念祖撰
民國上海久敬齋書局石印本
富順

0057　南雅堂醫書全集五十種
子部/醫家類/類編之屬
（清）陳念祖撰
民國上海錦章圖書局石印本
川博

0058　南雅堂醫書全集五十六種
子部/醫家類/類編之屬
（清）陳念祖撰
民國石印本
廣安區

0059　南雅堂醫書全集五十四種
子部/醫家類/類編之屬
（清）陳念祖編
民國上海錦章圖書局石印本
省圖

0060　潛齋醫書五種
子部/醫家類/類編之屬
（清）王士雄撰
民國五年（1916）上海千頃堂書局石印本
成都

0061　潛齋醫書五種
子部/醫家類/類編之屬
（清）王士雄撰
民國上海廣益書局石印本
川大

0062　潛齋醫書五種
子部/醫家類/類編之屬
（清）王士雄撰
民國上海錦章圖書局石印本
川大　中醫大

0063　潛齋醫學叢書八種
子部/醫家類/類編之屬
（清）王士雄撰
民國元年（1912）鉛印本
省圖　成都

0064　潛齋醫學叢書十四種
子部/醫家類/類編之屬
（清）王士雄著
民國七年（1918）集古閣石印本
中醫大

0065　潛齋醫學叢書十四種
子部/醫家類/類編之屬
（清）王士雄著

民國十四年（1925）上海大東書局石印本
中醫大

0066　邱氏醫書四種
子部/醫家類/類編之屬
邱崇著
民國二十六年（1937）北平和平印書局鉛印本
川大

0067　三朝名醫方論三種
子部/醫家類/類編之屬
（宋）駱龍吉著　（金）劉完素著
（明）柯琴著
民國十年（1921）上海千頃堂書局石印本
省圖　中醫大

0068　三字經合編
子部/醫家類/類編之屬
（清）陳念祖等著　張驥校
民國二十二年（1933）鉛印本
中醫大

0069　三字經合編六種
子部/醫家類/類編之屬
（清）陳念祖撰　（清）張汝珍著
張驥等校
民國二十二年（1933）刻本
省圖　成都　江油

0070　傷寒論注三種
子部/醫家類/類編之屬
（漢）張機述　（晋）王叔和撰
（金）成無己注解
民國元年（1912）江東書局影印本
省圖

0071　沈氏尊生書五種
子部/醫家類/類編之屬
（清）沈金鼇撰
民國五年（1916）上海章福記書局鉛印本
瀘州　西昌　富順　川大

0072　世補齋醫書後集九種
子部/醫家類/類編之屬
（清）陸懋修撰
民國元年（1912）至民國三年（1914）上海江東書局石印本
省圖　成都　瀘州　西昌　綿竹　南溪區

0073　壽世芻言四種
子部/醫家類/類編之屬
秦禹編校
民國二十三年（1934）同益名藥流通社石印本
中醫大

0074　述古齋幼科新書三種
子部/醫家類/類編之屬
張振鋆輯
民國聚昌公司鉛印本
川大

0075　四川國學專門學校匯編
子部/醫家類/類編之屬
廖平等輯
民國刻本
井研

0076　四川省國醫學院講義二十一種
子部/醫家類/類編之屬
四川省國醫學院編

民國鉛印本
省圖

0077　四川省國醫學院講義十五種
子部/醫家類/類編之屬
四川省國醫學院編
民國祥記彬明印刷社鉛印本
省圖

0078　四家醫案四種
子部/醫家類/類編之屬
（清）柳寶詒選
民國上海文瑞樓石印本
川大

0079　四益館醫書二十一種
子部/醫家類/類編之屬
廖平撰輯
民國三年（1914）至民國五年（1916）成都存古書局刻本
省圖

0080　四益館醫書十三種
子部/醫家類/類編之屬
廖平撰輯
民國三年（1914）至民國五年（1916）成都存古書局刻本
省圖

0081　隋本黄帝内經明堂論一卷附録六種
子部/醫家類/類編之屬
廖平輯録
民國四川存古書局刻本
川師大

0082　孫氏醫學叢書六種
子部/醫家類/類編之屬
孫鼎宜撰
民國二十一年（1932）上海中華書局鉛印本
川大　中醫大　西華師大　西南交大

0083　孫氏醫學叢書六種
子部/醫家類/類編之屬
孫鼎宜撰
民國二十五年（1936）上海中華書局鉛印本
省圖　成都　川大

0084　太倉傅氏醫學三書
子部/醫家類/類編之屬
（清）傅松撰
民國十九年（1930）瀏河學古堂傅氏鉛印本
川大

0085　退思廬醫書四種
子部/醫家類/類編之屬
嚴鴻志纂輯　胡修鑒等校字
民國十年（1921）上海千頃堂書局石印本
省圖

0086　退思廬醫書四種
子部/醫家類/類編之屬
嚴鴻志纂輯　胡修鑒等校字
民國十年（1921）汲綆書莊石印本
西昌

0087　退思廬醫書四種
子部/醫家類/類編之屬
嚴鴻志纂輯　胡修鑒等校字
民國上海千頃堂書局石印本
省圖　川大

0088　汪氏醫學叢書八種
子部/醫家類/類編之屬
（明）汪機輯
民國上海石竹山房石印本
瀘州

0089　王旭高醫書六種
子部/醫家類/類編之屬
（清）王泰林編輯　（清）陸晋笙訂正　（清）周小農録校
民國十年（1921）上海千頃堂書局石印本
川師大

0090　王旭高醫書六種
子部/醫家類/類編之屬
（清）王泰林編輯　（清）陸晋笙訂正　（清）周小農録校
民國十二年（1923）上海千頃堂書局石印本
省圖　中醫大

0091　王旭高醫書六種
子部/醫家類/類編之屬
（清）王泰林編輯　（清）陸晋笙訂正　（清）周小農録校
民國二十三年（1934）上海千頃堂書局石印本
省圖　川大　中醫大　川師大

0092　翁仲仁先生原本幼科七種大全
子部/醫家類/類編之屬
（明）翁仲仁原本
民國上海石印本
省圖

0093　五種遺規
子部/醫家類/類編之屬
（清）陳宏謀編輯
民國二十四年（1935）商務印書館鉛印本
省圖

0094　五種遺規刊要
子部/醫家類/類編之屬
（清）陳宏謀編輯
民國華西日報印刷部鉛印本
省圖

0095　武昌醫館叢書八種
子部/醫家類/類編之屬
（清）柯逢時輯
民國中國書店影印本
省圖

0096　西安市國粹中醫補習學校講義三種
子部/醫家類/類編之屬
沈反白等講述
民國油印本
省圖

0097　校正傅青主男女科二卷附婦科雜症一卷
子部/醫家類/類編之屬
（清）傅山著　（清）文晟輯
民國上海進步書局石印本
省圖

0098　校正李仕材先生三書四種
子部/醫家類/類編之屬
（明）李中梓著　（清）尤乘生補

民國十四年（1925）上海錦章圖書局石印本
瀘州

0099　校正世補齋醫書十一種
子部/醫家類/類編之屬
陸九芝著
民國二十年（1931）上海中醫書局鉛印本
川大

0100　校正圖注難經脉决兩種附一種
子部/醫家類/類編之屬
民國上海錦章圖書局石印本
省圖

0101　校正圖注難經脉訣四種
子部/醫家類/類編之屬
（晋）王叔和撰（明）張世賢注
民國上海錦章圖書局石印本
省圖

0102　校正藥性賦一卷醫方捷徑一卷　附藥性歌括共四百味一卷四言舉要一卷
子部/醫家類/類編之屬
（明）羅必煒參訂　&藥性歌括共四百味一卷　（明）龔廷賢撰　&四言舉要一卷　（宋）崔彦希撰（明）李言聞删補
民國上海大成書局石印本
省圖

0103　新訂六譯館叢書二百三十卷
子部/醫家類/類編之屬
廖平撰
民國四川存古書局刻本
三臺

0104　新增醫書七種
子部/醫家類/類編之屬
（清）陳修園著
民國鉛印本
達州

0105　徐洄溪先生十三種
子部/醫家類/類編之屬
（清）徐大椿著
民國鉛印本
瀘州

0106　徐靈胎先生醫書十六種
子部/醫家類/類編之屬
（清）徐大椿著
民國十一年（1922）至民國二十四年（1935）上海錦文堂石印本
省圖　瀘州　安州區　中醫大

0107　徐靈胎醫書全集
子部/醫家類/類編之屬
（清）徐大椿著
民國刻本
遂寧

0108　徐靈胎醫書三十二種
子部/醫家類/類編之屬
（清）徐大椿著
民國上海錦文堂書局石印本
南充

0109　徐靈胎醫書三十二種
子部/醫家類/類編之屬

（清）徐大椿著
民國鴻寶齋書局石印本
南充

0110　徐氏醫書八種
子部/醫家類/類編之屬
（清）徐大椿撰
民國鉛印本
西昌

0111　薛立齋醫案全集二十四種
子部/醫家類/類編之屬
（明）薛己等撰　（明）吴管輯
民國十年（1921）大成書局石印本
省圖　成都　南充　川大　中醫大

0112　薛立齋醫案全集九種
子部/醫家類/類編之屬
（明）薛己等撰　（明）吴管輯
民國上海大成書局石印本
省圖

0113　薛氏醫案十八種
子部/醫家類/類編之屬
（明）薛己等撰（明）吴管輯
民國石印本
南充

0114　薛院判醫案全集二十四種
子部/醫家類/類編之屬
（明）薛己等撰　（明）吴管輯
民國上海焕文書局石印本
省圖　瀘州

0115　薛院判醫案全集十三種
子部/醫家類/類編之屬
（明）薛己等撰　（明）吴管輯
民國石印本
省圖

0116　學醫捷徑十四種
子部/醫家類/類編之屬
（日本）丹波元簡等撰　文明書局編輯
民國十八年（1929）至民國二十五年（1936）上海文明書局鉛印本
省圖

0117　學醫捷徑十四種
子部/醫家類/類編之屬
（日本）丹波元簡等撰　文明書局編輯
民國二十年（1931）上海文明書局鉛印本
省圖

0118　學醫捷徑十四種
子部/醫家類/類編之屬
（日本）丹波元簡等撰　文明書局編輯
民國二十四年（1935）上海文明書局石印本
中醫大

0119　學醫捷徑十四種
子部/醫家類/類編之屬
（日本）丹波元簡等撰　文明書局編輯
民國二十五年（1936）文明書局鉛印本
川大

0120　藥盦醫學叢書二十二種
子部/醫家類/類編之屬
惲鐵樵著
民國三十年（1941）章巨膺鉛印本
中醫大

0121　醫醇剩義四卷醫方論四卷
子部/醫家類/類編之屬
（清）費伯雄著
民國六年（1917）上海萃英書局石印本
省圖　成都　安州區　川大　中醫大

0122　醫方集解本草備要合編三種
子部/醫家類/類編之屬
（清）汪昂纂輯
民國元年（1912）上海同文書局石印本
省圖

0123　醫方集解本草備要合編三種
子部/醫家類/類編之屬
（清）汪昂纂輯
民國三年（1914）上海共和書局石印本
西昌

0124　醫方十種彙編
子部/醫家類/類編之屬
（清）費伯雄鑒定　（清）文晟輯
民國上海千頃堂書局刻本
川大

0125　醫家秘奥三種
子部/醫家類/類編之屬
（明）周之幹著
民國元年（1912）影印本
中醫大

0126　醫書易知十二種
子部/醫家類/類編之屬
中華書局編
民國九年（1920）中華書局鉛印本
中醫大

0127　醫學初階四種
子部/醫家類/類編之屬
（清）張璐等撰　嚴岳蓮輯
民國十三年（1924）成都嚴氏刻本
省圖

0128　醫學叢書二十八種
子部/醫家類/類編之屬
（□）□□輯
民國石印本
省圖

0129　醫學講義二十一種
子部/醫家類/類編之屬
惲鐵樵編輯
民國油印本
省圖

0130　醫學六種
子部/醫家類/類編之屬
（清）姜國伊撰
民國二十年（1931）刻本
成都

0131　醫學三字經二卷附五種
子部/醫家類/類編之屬
（清）陳念祖　（清）張汝珍等著
張驥等校

民國二十二年（1933）刻本
省圖

0132　醫學十書十二種
子部/醫家類/類編之屬
（□）□□輯
民國石印本
川大

0133　醫學五則五種
子部/醫家類/類編之屬
（清）廖雲溪輯
民國四年（1915）成都三府會刻本
成都　瀘州　川大　中醫大

0134　醫學五則五種
子部/醫家類/類編之屬
（清）廖雲溪輯
民國五年（1916）文林正刻本
劍閣

0135　醫學摘粹六種
子部/醫家類/類編之屬
（清）慶恕輯
民國鉛印本
省圖

0136　醫宗金鑒十五種
子部/醫家類/類編之屬
（清）吴謙等纂　（清）劉裕鐸總修
民國鉛印本
江油

0137　醫宗金鑒十五種
子部/醫家類/類編之屬
（清）吴謙等纂　（清）劉裕鐸總修
民國上海錦章圖書局石印本
成都

0138　醫宗金鑒十五種
子部/醫家類/類編之屬
（清）吴謙等纂　（清）劉裕鐸總修
民國上海廣益書局石印本
德陽

0139　影印古本醫學叢書第二集三種
子部/醫家類/類編之屬
上海中醫書局編
民國上海中醫書局影印本
省圖

0140　影印古本醫學叢書第七集
子部/醫家類/類編之屬
上海中醫書局編
民國上海中醫書局影印本
省圖

0141　影印古本醫學叢書第一集
子部/醫家類/類編之屬
上海中醫書局編
民國十九年（1930）上海中醫書局影印本
省圖

0142　影印古本醫學叢書第一集五種
子部/醫家類/類編之屬
上海中醫書局編
民國十九年（1930）上海中醫書局影印本
省圖　中醫大

0143　影印古本醫學叢書十種
子部/醫家類/類編之屬

上海中醫書局編
民國十九年（1930）至二十年（1931）上海中醫書局影印本
成都 南溪區 中醫大

0144 幼科大成六種
子部/醫家類/類編之屬
（□）□□編
民國十五年（1926）上海文成書局石印本
中醫大

0145 幼科七種大全
子部/醫家類/類編之屬
（清）許豫和編
民國上海受古書店石印本
中醫大

0146 幼科七種大全
子部/醫家類/類編之屬
（清）許豫和輯
民國上海中一書局石印本
省圖

0147 幼科三種
子部/醫家類/類編之屬
（清）陳世凱等撰訂 熊應雄等輯
民國上海進步書局石印本
中醫大

0148 幼科三種
子部/醫家類/類編之屬
（清）陳世凱等撰訂 熊應雄等輯
民國三年（1914）上海富華圖書館石印本
富順

0149 聿修堂醫學叢書十三種
子部/醫家類/類編之屬
（日本）丹波元簡等著
民國二十四年（1935）上海中醫書局鉛印聿修堂醫學叢書十三種本
省圖 成都 中醫大 川師大

0150 喻氏醫書三種
子部/醫家類/類編之屬
（清）喻昌撰
民國二十一年（1932）上海錦章圖書局石印本
省圖

0151 喻氏醫書三種
子部/醫家類/類編之屬
（清）喻昌撰
民國二十四年（1935）上海掃葉山房機器造書局石印本
瀘州

0152 喻氏醫書三種
子部/醫家類/類編之屬
（清）喻昌撰
民國二十九年（1940）上海錦章圖書局石印本
中醫大

0153 御纂醫宗金鑒十五種
子部/醫家類/類編之屬
（清）吴謙等纂
民國十四年（1925）上海鴻寶齋書局石印本
安州區

0154　御纂醫宗金鑒十五種
子部/醫家類/類編之屬
（清）吴謙等纂
民國十六年（1927）上海鴻寶齋書局石印本
省圖　江油

0155　御纂醫宗金鑒十五種
子部/醫家類/類編之屬
（清）吴謙等纂
民國十八年（1929）上海鴻寶齋書局石印本
省圖　崇州　安州區

0156　御纂醫宗金鑒十五種
子部/醫家類/類編之屬
（清）吴謙等撰
民國上海啓新書局石印本
南充

0157　御纂醫宗金鑒十五種
子部/醫家類/類編之屬
（清）吴謙等纂
民國上海商務印書館鉛印本
省圖　成都　三臺　郫都　中醫大

0158　御纂醫宗金鑒十五種
子部/醫家類/類編之屬
（清）吴謙等撰
民國石印本
省圖　成都　廣元

0159　增補陳修園醫書七十種
子部/醫家類/類編之屬
（清）陳念祖著
民國上海廣益書局石印本
瀘州

0160　增訂醫宗金鑒九十卷首一卷
子部/醫家類/類編之屬
（清）吴謙等纂
民國石印本
成都　西昌

0161　增訂醫宗金鑒目録一卷首一卷
子部/醫家類/類編之屬
（清）吴謙等纂
民國十四年（1925）上海鴻寶齋書局石印本
安州區

0162　增訂醫宗金鑒内科七十四卷首一卷
子部/醫家類/類編之屬
（清）吴謙等輯
民國上海鴻寶齋書局石印本
成都　崇州

0163　增訂醫宗金鑒九十卷首一卷
子部/醫家類/類編之屬
（清）吴謙等輯
民國上海鴻寶齋書局石印本
安州區

0164　增輯陳修園醫書七十種
子部/醫家類/類編之屬
（清）陳修園撰
民國上海昌文書局石印本
川大

0165　張氏景岳全書六十四卷
子部/醫家類/類編之屬
（明）張介賓著
民國江東書局石印本
南充　青羊

0166　張氏醫通七種
子部/醫家類/類編之屬
（清）張璐等撰　陳秉鈞校
民國上海廣益書局石印本
中醫大

0167　中西匯通醫書六種
子部/醫家類/類編之屬
（清）唐宗海撰
民國三年（1914）渝城瀛洲書屋刻本
省圖　川大

0168　中西匯通醫書五種
子部/醫家類/類編之屬
（清）唐宗海撰
民國上海千頃堂書局石印本
省圖

0169　中西醫學群書十種
子部/醫家類/類編之屬
（□）□□撰
民國石印本
瀘州

0170　仲景全書五種
子部/醫家類/類編之屬
（漢）張機撰　（清）胡幹元輯
民國五年（1916）上海千頃堂書局石印本
省圖　南充　中醫大

0171　周氏醫學叢書三集三十六種
子部/醫家類/類編之屬
（清）周學海輯
民國二十五年（1936）周學熙影印福慧雙修館本
川大

醫經之屬

0172　補注黄帝内經素問二十四卷
子部/醫家類/醫經之屬/内經
（唐）王冰次注　（宋）林億　（宋）孫奇　（宋）高保衡校正　（宋）孫兆重改誤
民國二年（1913）上海育文書局石印本
南部　温江　安州區

0173　補注黄帝内經素問二十四卷
子部/醫家類/醫經之屬/内經
（唐）王冰次注　（宋）林億　（宋）孫奇　（宋）高保衡校正　（宋）孫兆重改誤
民國五年（1916）上海書局石印本
三臺

0174　補注黃帝内經素問二十四卷
子部/醫家類/醫經之屬/内經
（唐）王冰次注 （宋）林億 （宋）孫奇 （宋）高保衡校正 （宋）孫兆重改誤
民國上海錦章圖書局石印本
安州區

0175　補注黃帝内經素問二十四卷
子部/醫家類/醫經之屬/内經
（唐）王冰次注 （宋）林億 （宋）孫奇 （宋）高保衡校正 （宋）孫兆重改誤
民國中華書局鉛印本
綿竹 劍閣 川博

0176　補注黃帝内經素問二十四卷末一卷
子部/醫家類/醫經之屬/内經
（唐）王冰次注 （宋）林億 （宋）孫奇 （宋）高保衡校正 （宋）孫兆重改誤
民國十三年（1924）隆文書局石印本
瀘州

0177　補注黃帝内經素問二十四卷附遺篇一卷
子部/醫家類/醫經之屬/内經
（唐）王冰次注 （宋）林億 （宋）孫奇 （宋）高保衡校正 （宋）孫兆重改誤
民國二十五年（1936）上海中華書局聚珍仿宋版鉛印本
中醫大 西南交大

0178　補注黃帝内經素問二十四卷靈樞十二卷遺編一卷
子部/醫家類/醫經之屬/内經
（唐）王冰次注 （宋）林億 （宋）孫奇 （宋）高保衡校正 （宋）孫兆重改誤
民國四年（1915）上海錦章圖書局石印本
省圖 成都 三臺 郫都 中醫大

0179　重廣補注黃帝内經素問二十四卷
子部/醫家類/醫經之屬/内經
（唐）王冰次注 （宋）林億 （宋）孫奇 （宋）高保衡校正 （宋）孫兆重改誤 （清）錢熙祚等校
民國十八年（1929）上海商務印書館影印本
西南交大

0180　重廣補注黃帝内經素問二十四卷
子部/醫家類/醫經之屬/内經
（唐）王冰次注 （宋）林億 （宋）孫奇 （宋）高保衡校正 （宋）孫兆重改誤 （清）錢熙祚等校
民國上海涵芬樓影印本
成都 瀘州 達州 雅安 甘孜 富順 井研 筠連 崇州 川大 中醫大 川師大 自貢鹽博 省委黨校

0181　重廣補注黃帝内經素問二十四卷内經素問校勘記一卷黃帝内經靈樞二十四卷内經靈樞校勘記一卷
子部/醫家類/醫經之屬/内經

（唐）王冰次注 （宋）林億 （宋）孫奇 （宋）高保衡校正 （宋）孫兆重改誤 （清）錢熙祚等校
民國十七年（1928）中國學會影印本
川大

0182　重廣補注黃帝内經素問二十四卷内經素問校勘記一卷黃帝内經靈樞二十四卷内經靈樞校勘記一卷
子部/醫家類/醫經之屬/内經
（唐）王冰次注 （宋）林億 （宋）孫奇 （宋）高保衡校正 （宋）孫兆重改誤 （清）錢熙祚等校
民國中國學會影印本
中醫大

0183　讀素問鈔三卷自贊一卷
子部/醫家類/醫經之屬/内經
（元）滑壽編輯 （明）汪機續注
民國石印本
瀘州

0184　廣注素問靈樞類纂三卷
子部/醫家類/醫經之屬/内經
（清）汪昂輯注　江忍庵增注
民國十年（1921）上海廣文書局石印本
省圖

0185　廣注素問靈樞類纂三卷
子部/醫家類/醫經之屬/内經
（清）汪昂輯注　江忍庵增注
民國十年（1921）神州醫學社石印本
省圖

0186　廣注素問靈樞類纂三卷
子部/醫家類/醫經之屬/内經
（清）汪昂輯注　江忍庵增注
民國十一年（1922）世界書局石印本
達州 中醫大

0187　廣注素問靈樞類纂三卷
子部/醫家類/醫經之屬/内經
（清）汪昂輯注　江忍庵增注
民國十三年（1924）神州醫學社石印本
省圖

0188　廣注素問靈樞類纂三卷
子部/醫家類/醫經之屬/内經
（清）汪昂輯注　江忍庵增注
民國十三年（1924）上海廣文書局石印本
省圖

0189　廣注素問靈樞類纂三卷
子部/醫家類/醫經之屬/内經
（清）汪昂輯注　江忍庵增注
民國十四年（1925）上海廣文書局石印本
省圖 中醫大

0190　廣注素問靈樞類纂三卷
子部/醫家類/醫經之屬/内經
（清）汪昂輯注 （清）江忍庵增注
民國十四年（1925）神州醫學社石印本
省圖

0191　黃帝内經二十七卷
子部/醫家類/醫經之屬/内經
（唐）王冰次注 （宋）林億 （宋）孫

奇（宋）高保衡校正（宋）孫兆重改誤
民國上海錦章圖書局石印本
富順

0192　黃帝内經靈樞九卷
子部/醫家類/醫經之屬/内經
（唐）王冰次注（宋）林億（宋）孫奇（宋）高保衡校正（宋）孫兆重改誤
日本風月莊龍衛門刻本
中醫大

0193　黃帝内經靈樞十二卷
子部/醫家類/醫經之屬/内經
（唐）王冰次注（宋）林億（宋）孫奇（宋）高保衡校正（宋）孫兆重改誤
民國育文書局石印本
瀘州　榮縣　叙永　蓬溪　仁壽　安岳　安州區　内江師範

0194　黃帝内經靈樞十二卷
子部/醫家類/醫經之屬/内經
（唐）王冰次注（宋）林億（宋）孫奇（宋）高保衡校正（宋）孫兆重改誤
民國二十五年（1936）上海中華書局聚珍仿宋版鉛印本
達州　綿竹　富順　西南交大　川博

0195　黃帝内經靈樞十二卷補注二十四卷
子部/醫家類/醫經之屬/内經
（唐）王冰次注（宋）林億（宋）孫奇（宋）高保衡校正（宋）孫兆重改誤
民國五年（1916）上海鴻文書局石印本
瀘州　川博

0196　黃帝内經靈樞十二卷補注黃帝内經素問二十四卷遺編一卷
子部/醫家類/醫經之屬/内經
（唐）王冰次注（宋）林億（宋）孫奇（宋）高保衡校正（宋）孫兆重改誤
民國上海錦章圖書局石印本
省圖　大邑　富順

0197　黃帝内經靈樞十二卷附靈樞隋楊氏太素注本目録一卷黃帝内經太素篇目一卷
子部/醫家類/醫經之屬/内經
（唐）王冰次注（宋）林億（宋）孫奇（宋）高保衡校正（宋）孫兆重改誤
民國抄本
省圖

0198　黃帝内經素問二十四卷
子部/醫家類/醫經之屬/内經
（唐）王冰次注（宋）林億（宋）孫奇（宋）高保衡校正（宋）孫兆重改誤
民國二十五年（1936）上海中華書局聚珍仿宋版鉛印本
富順　郫都

0199　黃帝内經素問二十四卷
子部/醫家類/醫經之屬/内經
（唐）王冰次注（宋）林億（宋）孫

奇 （宋）高保衡校正 （宋）孫兆重改誤
民國育文書局石印本
安岳

0200 黃帝內經素問合纂十卷
子部/醫家類/醫經之屬/內經
（清）張志聰注 （明）馬蒔注
民國上海掃葉山房校石印本
德陽

0201 黃帝內經素問九卷
子部/醫家類/醫經之屬/內經
（清）張志聰集注 （清）莫承藝參訂
民國成都昌福公司鉛印本
瀘州 川大 中醫大

0202 黃帝內經素問九卷靈樞十卷
子部/醫家類/醫經之屬/內經
（清）張志聰集注 （清）莫承藝參訂
民國成都昌福公司鉛印本
中醫大

0203 黃帝內經素問靈樞合纂二十卷
子部/醫家類/醫經之屬/內經
（明）馬蒔 （清）張志聰注
民國上海錦章圖書局石印本
省圖 南充 川大 中醫大

0204 黃帝內經素問靈樞合纂十卷靈樞經合纂十卷
子部/醫家類/醫經之屬/內經
（清）張隱庵 （清）馬元臺合注
民國石印本
南部 中醫大

0205 黃帝內經素問遺篇一卷
子部/醫家類/醫經之屬/內經
（宋）劉温舒原本
民國影印本
瀘州

0206 黃帝內經素問注解十卷
子部/醫家類/醫經之屬/內經
江朝宗等注
民國二十八年（1939）救世新教總會鉛印本
中醫大

0207 黃帝內經太素三十卷遺文一卷
子部/醫家類/醫經之屬/內經
（隋）楊上善撰注 蕭延平校正 蕭貞昌校字 陳孝啓校字
民國十三年（1924）蘭陵堂刻本
省圖 中醫大

0208 黃帝內經太素診皮篇補證一卷附古經診皮名詞一卷釋尺一卷仲景診皮法一卷楊氏太素論診皮法一卷
子部/醫家類/醫經之屬/內經
（隋）楊上善撰注 廖平補證 &仲景診皮法一卷 廖宗澤纂輯
民國三年（1914）成都存古書局刻新訂六譯館叢書本
省圖 南充 三臺

0209 黃帝素問靈樞經十二卷
子部/醫家類/醫經之屬/內經
（唐）王冰注 （宋）林億等校正
（宋）孫兆重改誤

民國上海涵芬樓影印本
成都 雅安 甘孜 富順 井研 屏山 温江 崇州 廣安區 西華師大 自貢鹽博 省委黨校

0210　黄帝素問宣明論方十五卷
子部/醫家類/醫經之屬/内經
（金）劉完素撰　（明）吴勉學校
民國上海千頃堂書局石印本
中醫大

0211　加批圈點内經知要二卷
子部/醫家類/醫經之屬/内經
（明）李中梓原輯　（清）陳蓮舫批
民國十七年（1928）上海廣益書局石印本
省圖

0212　加批圈點内經知要二卷
子部/醫家類/醫經之屬/内經
（明）李中梓原輯　（清）陳蓮舫批
民國二十二年（1933）上海廣益書局石印本
省圖 樂山

0213　類經附翼四卷
子部/醫家類/醫經之屬/内經
（明）張介賓類注
民國石印本
中醫大

0214　靈樞經合纂十卷
子部/醫家類/醫經之屬/内經
（清）張志聰注　（清）馬蒔注
民國十一年（1922）上海錦章圖書局石印本
安州區

0215　靈樞經合纂十卷
子部/醫家類/醫經之屬/内經
（清）張志聰　（清）馬蒔合注
民國上海掃葉山房石印本
德陽 滎縣 中醫大

0216　靈樞經合纂十卷
子部/醫家類/醫經之屬/内經
（清）張志聰注　（清）馬蒔注
民國上海錦章圖書局石印本
自貢 雅安 高縣 安州區 中醫大

0217　靈樞經十二卷
子部/醫家類/醫經之屬/内經
張元濟等輯
民國十八年（1929）上海商務印書館影印本
郫都 西南交大

0218　靈樞經十二卷
子部/醫家類/醫經之屬/内經
（唐）王冰次注
民國上海中華書局據醫統本校刊鉛印本
省圖 攀枝花 綿竹 滎縣 資中 中醫大

0219　靈樞經十二卷
子部/醫家類/醫經之屬/内經
（唐）王冰次注
民國上海涵芬樓影印本
大邑 川師大

0220　靈樞經十卷
子部/醫家類/醫經之屬/内經
（清）張志聰集注
民國鉛印本
成都　瀘州

0221　靈樞識六卷
子部/醫家類/醫經之書
（日本）丹波元簡著
抄本
川大

0222　靈樞懸解九卷
子部/醫家類/醫經之屬/内經
（清）黃元御解
民國影印本
省圖

0223　靈素商兑一卷附砭新醫一卷箴病人一卷
子部/醫家類/醫經之屬/内經
余嚴撰
民國鉛印本
中醫大

0224　靈素提要淺注十二卷
子部/醫家類/醫經之屬/内經
（清）陳念祖集注　（清）陳元犀參訂　（清）陳心典校字
民國上海錦章圖書局石印本
瀘州　中江　安州區　廣安區　川大　川博

0225　靈素微旨不分卷
子部/醫家類/醫經之屬/内經
（□）□□撰
民國抄本
省圖

0226　靈素五解篇一卷
子部/醫家類/醫經之屬/内經
廖平撰
民國四年（1915）刻本
川師大

0227　靈素五解篇一卷
子部/醫家類/醫經之屬/内經
廖平撰
民國十年（1921）四川存古書局刻本
省圖

0228　内經撮要三卷
子部/醫家類/醫經之屬/内經
陳紹勛注釋
民國二十三年（1934）大足昌明石印社石印本
省圖　温江

0229　内經撮要三卷
子部/醫家類/醫經之屬/内經
陳紹勛注釋
民國彬明印刷社鉛印本
省圖　樂山　達州

0230　内經方集釋二卷附義生堂書目提要一卷
子部/醫家類/醫經之屬/内經
張驥輯
民國二十二年（1933）雙流張氏義生堂成都刻本
省圖　成都　川大　中醫大

0231　内經類要一卷
子部/醫家類/醫經之屬/内經
四川國醫學院編
民國四川國醫學院祥記彬明印刷社鉛印本
省圖

0232　内經靈樞
子部/醫家類/醫經之屬/内經
民國上海錦章圖書局石印本
高縣

0233　内經平脉考一卷
子部/醫家類/醫經之屬/内經
廖平撰
民國四年（1915）成都存古書局刻本
省圖　崇州　三臺　川大　川師大

0234　内經平脉考一卷脉經考證一卷
子部/醫家類/醫經之屬/内經
廖平撰
民國二十八年（1939）成都存古書局刻本
井研

0235　内經素問二十四卷
子部/醫家類/醫經之屬/内經
（唐）王冰注
民國上海中華書局據明顧氏影宋本校刊鉛印本
滎縣

0236　内經素問二十四卷
子部/醫家類/醫經之屬/内經
（唐）王冰注
民國上海涵芬樓影印本
大邑　高縣

0237　内經藥論十卷附養生堂書目提要一卷
子部/醫家類/醫經之屬/内經
張驥輯
民國二十四年（1935）成都張氏義生堂刻本
省圖　成都　大邑　川大

0238　内經摘要類編三卷
子部/醫家類/醫經之屬/内經
周偉呈編
民國二十年（1931）瑞記石印本
中醫大

0239　内經知要二卷
子部/醫家類/醫經之屬/内經
（明）李中梓輯　（清）薛雪校正
（清）陳蓮舫加批　江忍庵校訂
民國十七年（1928）廣益書局石印本
瀘州

0240　内經知要二卷
子部/醫家類/醫經之屬/内經
（明）李中梓輯　（清）薛雪校正
（清）陳蓮舫加批　江忍庵校訂
民國二十二年（1933）上海廣益書局石印本
富順

0241　内經知要二卷
子部/醫家類/醫經之屬/内經
（明）李中梓輯　（清）薛雪校正
（清）陳蓮舫加批　江忍庵校訂

民國二十四年（1935）上海商務印書館鉛印本
南充

0242　內經知要二卷
子部/醫家類/醫經之屬/內經
（明）李中梓輯　（清）薛雪校正　（清）陳蓮舫加批　江忍庵校訂
民國二十六年（1937）上海千頃堂書局鉛印本
成都

0243　內經知要二卷
子部/醫家類/醫經之屬/內經
（明）李中梓輯　（清）薛雪校正　（清）陳蓮舫加批　江忍庵校訂
民國二十六年（1937）上海商務印書館鉛印本
省圖　達州　中醫大

0244　內經知要講義四卷
子部/醫家類/醫經之屬/內經
錢榮光著
民國上海大成書局石印本
省圖　瀘州　中醫大

0245　素問靈樞類纂約注三卷
子部/醫家類/醫經之屬/內經
（清）汪昂輯　（清）汪桓訂　謝觀重訂
民國商務印書館鉛印本
省圖　高縣　川大　中醫大

0246　素問靈樞類纂約注三卷
子部/醫家類/醫經之屬/內經
（清）汪昂輯　（清）汪桓訂　謝觀重訂
民國上海錦章圖書局石印本
省圖　南充

0247　素問靈樞類纂約注三卷
子部/醫家類/醫經之屬/內經之屬
（清）汪昂輯　（清）汪桓訂　謝觀重訂
民國石印本
西昌

0248　素問識八卷
子部/醫家類/醫經之屬/內經
（日本）丹波元簡編
民國二十四年（1935）上海中醫書局鉛印本
中醫大

0249　素問提要述義一卷
子部/醫家類/醫經之屬/內經
金匡貽學
民國成都市國醫講習所鉛印本
省圖

0250　素問王冰注二十四卷
子部/醫家類/醫經之屬/內經
民國中華書局鉛印本
攀枝花　叙永

0251　素問痿論釋難一卷
子部/醫家類/醫經之屬/內經
劉復著　賈尚齡　葉慧齡　周福煦參　孟金嵩校
民國二十三年（1934）上海三友實業社鉛印本
省圖　中醫大

0252　素問懸解十三卷
子部/醫家類/醫經之屬/内經
（清）黄元御解
民國影印同治十一年（1872）四月昜湖馮氏刊本
省圖　中醫大

0253　素問學一卷
子部/醫家類/醫經之屬/内經
金匡貽撰
民國成都國醫講習所鉛印本
省圖

0254　素問學一卷
子部/醫家類/醫經之屬/内經
金匡貽學
民國有記文華印字館鉛印本
省圖　樂山

0255　新内經一卷
子部/醫家類/醫經之屬/内經
承澹盦編著
民國石印本
省圖　樂山　中醫大

0256　營衛運行補證一卷
子部/醫家類/醫經之屬/内經
廖平補證
民國三年（1914）成都存古書局刻本
南充　三臺　川師大

0257　醫經原旨六卷
子部/醫家類/醫經之屬/内經
（清）薛雪集注　（清）趙使君鑒定
民國十七年（1928）上海千頃堂書局石印本
雅安

0258　中西匯通醫經精義二卷
子部/醫家類/醫經之屬/内經
（清）唐宗海著　（清）鄧其章參校
民國石印本
瀘州　達州　甘孜

0259　扁鵲難經二卷
子部/醫家類/醫經之屬/難經
（元）滑壽注
民國七年（1918）成都昌福公司鉛印本
省圖　川大　中醫大

0260　古本難經闡注二卷
子部/醫家類/醫經之屬/難經
（清）丁錦集注
民國十九年（1930）上海中醫書局影印本
中醫大

0261　古本難經闡注校正四卷
子部/醫家類/醫經之屬/難經
（清）丁錦注　陳頤壽校正
民國十八年（1929）影印本
中醫大

0262　黄帝八十一難經疏證二卷
子部/醫家類/醫經之屬/難經
（日本）丹波元胤學
日本刻本
省圖

0263　黄帝八十一難經正本一卷
子部/醫家類/醫經之屬/難經
（戰國）秦越人章句　張驥校補

民國二十六年（1937）成都義生堂刻本
川大 中醫大

0264 校正圖注八十一難經四卷
子部/醫家類/醫經之屬/難經
（戰國）秦越人述 （明）張世賢注
民國石印本
温江

0265 難經本義二卷
子部/醫家類/醫經之屬/難經
（元）滑壽注
民國成都昌福公司鉛印本
省圖

0266 難經編正二卷
子部/醫家類/醫經之屬/難經
司樹屏編
民國九年（1920）南通翰墨林鉛印本
中醫大

0267 難經叢考一卷
子部/醫家類/醫經之屬/難經
張驥輯
民國二十七年（1938）成都汲古書局刻本
省圖 川大 中醫大

0268 難經彙注箋正三卷卷首一卷
子部/醫家類/醫經之屬/難經
張壽頤編纂
民國蘭谿中醫專校影印本
西昌

0269 難經集注五卷
子部/醫家類/醫經之屬/難經
（明）王九思撰
民國十八年（1929）上海商務印書館影印本
崇州 甘孜 富順 川師大 西南交大

0270 難經集注五卷
子部/醫家類/醫經之屬/難經
（明）王九思輯
民國二十五年（1936）上海中華書局聚珍仿宋版鉛印本
南充 滎縣 富順 敘永 高縣 中醫大 西南交大 川博

0271 難經經釋補證二卷總論一卷
子部/醫家類/醫經之屬/難經
（戰國）秦越人著 （清）徐大椿釋 廖平補證
民國三年（1914）成都存古書局刻本
瀘州 南充 達州 三臺 井研 川師大

0272 難經疏証二卷
子部/醫家類/醫經之屬/難經
（日本）丹波元簡編
民國二十四年（1935）上海中醫書局鉛印本
中醫大

0273 難經懸解二卷
子部/醫家類/醫經之屬/難經
（清）黄元御解
民國影印本
省圖

0274 難經學一卷
子部/醫家類/醫經之屬/難經
鄒慎撰

民國二十一年（1932）鉛印本
成都

0275　圖注八十一難經四卷附校正瀕湖脉學一卷奇經八脉考一卷
子部/醫家類/醫經之屬/難經
（戰國）秦越人述　（明）張世賢注&校正瀕湖脉學一卷奇經八脉考一卷　（明）李時珍撰
民國石印本
省圖　富順　温江

0276　圖注八十一難經四卷附校正瀕湖脉學一卷奇經八脉考一卷校正圖注脉訣四卷
子部/醫家類/醫經之屬/難經
（戰國）秦越人述　（明）張世賢注　&校正瀕湖脉學一卷奇經八脉考一卷　（明）李時珍撰　&校正圖注脉訣四卷　（晋）王叔和撰　（明）張世賢注
民國上海錦章圖書局石印本
省圖

0277　圖注八十一難經辨真四卷附圖注脉訣辨真四卷瀕湖脉學一卷奇經八脉考一卷脉訣附方一卷
子部/醫家類/醫經之屬/難經
（戰國）秦越人述　（明）張世賢注&圖注脉訣辨真四卷　（晋）王叔和撰　（明）張世賢注　&瀕湖脉學一卷　（明）李時珍撰　&奇經八脉考一卷　（明）李時珍撰輯　&脉訣附方一卷　（明）張世賢編次
民國十七年（1928）刻本
川大

0278　王翰林集注黃帝八十一難經五卷
子部/醫家類/醫經之屬/難經
（戰國）秦越人著　（明）王九思等校正
民國上海涵芬樓影印本
成都　中醫大　自貢鹽博　省委黨校

醫理之屬

0279　病理總論三卷
子部/醫家類/醫理之屬
周威等編纂
民國九年（1920）上海商務印書館鉛印本
南充

0280　病理學一卷
子部/醫家類/醫理之屬
賴華鋒編
民國二十二年（1933）成都維新印刷公司鉛印本
省圖　樂山

0281　病理學稿裁二編
子部/醫家類/醫理之屬
姚心源撰
民國二十年（1931）上海和平藝社鉛印本
省圖　中醫大

0282　國醫生理新論六卷總論二卷
子部/醫家類/醫理之屬
朱國均撰
民國二十四年（1935）上海中醫書局鉛印本
省圖　中醫大

0283　國醫生理新論六卷
子部/醫家類/醫理之屬
朱國均撰
民國鉛印本
省圖　成都　中醫大

0284　華佗先生中藏經三卷
子部/醫家類/醫理之屬
（漢）華佗撰　徐舜山重校
民國上海千傾堂書局石印本
西昌

0285　簡明病理學不分卷
子部/醫家類/醫理之屬
陸軍獸醫學校編
民國三十六年（1947）陸軍獸醫學校鉛印本
省圖

0286　神授醫理一卷
子部/醫家類/醫理之屬
（□）□□撰
民國宜蓀抄本
省圖

0287　葉選醫衡二卷
子部/醫家類/醫理之屬
（清）葉桂著
民國九年（1920）上海錦章圖書局石印本
中醫大

0288　葉氏醫衡二卷附日講雜記一卷
子部/醫家類/醫理之屬
（清）葉桂彙編　林金濤校訂　&日講雜記一卷　（清）薛雪著　（清）唐大烈纂輯　林金濤校訂
民國二十三年（1934）玉樓書社刻本
省圖

0289　葉氏醫衡二卷
子部/醫家類/醫理之屬
李南豐著　林金濤校訂
民國二十三年（1934）刻本
省圖

0290　醫理元樞藥性全集一卷
子部/醫家類/醫理之屬
（□）□□撰
民國抄本
成都

0291　運氣辯一卷
子部/醫家類/醫理之屬
（清）陸儋辰著
民國刻本
省圖

0292　運氣辯一卷
子部/醫家類/醫理之屬
（清）陸儋辰著
民國九年（1920）影印海陵叢刻第七種本
省圖　中醫大

0293　中藏經三卷附内照法一卷
子部/醫家類/醫理之屬
（漢）華佗撰　（清）徐舜山校
民國上海千傾堂書局石印本
中醫大

0294　中藏經八卷附内照法一卷
子部/醫家類/醫理之屬
（漢）華佗撰　（清）徐舜山校
民國十七年（1928）重刻江陰寶文堂刻本
南充

0295　八卦配臟腑圖説一卷
子部/醫家類/醫理之屬/藏象骨度
何仲皋撰
民國三年（1914）影印本
省圖

0296　人鏡經附録二卷
子部/醫家類/醫理之屬/藏象骨度
（明）錢雷撰
抄本
成都

0297　人鏡經八卷附録二卷鐘奇氏續録二卷
子部/醫家類/醫理之屬/藏象骨度
（明）張俊英編
民國刻本
南溪區

0298　醫林改錯二卷
子部/醫家類/醫理之屬/藏象骨度
（清）王清任著
民國上海錦章圖書局石印本
中醫大

0299　醫林改錯二卷
子部/醫家類/醫理之屬/藏象骨度
（清）王清任著
民國上海大成書局石印本
温江

0300　醫林改錯二卷
子部/醫家類/醫理之屬/藏象骨度
（清）王清任著
民國上海廣益書局石印本
省圖　成都　西昌

0301　臟腑圖説症治要言全璧三卷附春温三字訣一卷痢症三字訣一卷
子部/醫家類/醫理之屬/藏象骨度
（清）羅定昌述　&春温三字訣一卷（清）張子培著　&痢症三字訣一卷（清）唐宗海著
民國上海千頃堂書局石印本
川大

0302　臟腑圖説症治要言全璧三卷
子部/醫家類/醫理之屬/藏象骨度
（清）羅定昌述　王釗訂
民國十年（1921）上海千頃堂書局石印本
瀘州

0303　臟腑圖説症治要言全壁三卷
子部/醫家類/醫理之屬/藏象骨度
（清）羅定昌述 王釗訂
民國石印本
瀘州

0304　中西骨格辯正六卷
子部/醫家類/醫理之屬/藏象骨度
（清）劉廷楨輯
民國抄本
省圖

0305　重刊巢氏諸病源候總論五十卷
子部/醫家類/醫理之屬/病源病機
（隋）巢元方等撰
民國元年（1912）鄂官書處重刻本
中醫大

0306　重刊巢氏諸病源候總論五十卷
子部/醫家類/醫理之屬/病源病機
（隋）巢元方等撰
民國七年（1918）上海千頃堂書局石印本
省圖 川大

0307　中西病理學合參三編
子部/醫家類/醫理之屬/病源病機
吴漢仙 劉裁吾 宫懷素合編
民國二十三年（1934）鉛印本
省圖

0308　中國生理學補正一卷
子部/醫家類/醫理之屬/病源病機
徐尚志著
民國六年（1917）商務印書館鉛印本
省圖

0309　增訂命理探原八卷
子部/醫家類/醫理之屬/病源病機
袁阜纂述
民國二十二年（1933）鎮江潤德堂石印本
省圖

傷寒金匱之屬

0310　景岳全書六十四卷
子部/醫家類/傷寒金匱之屬
（明）張介賓撰　（清）魯超訂
民國廣益書局石印本
中醫大

0311　景岳全書六十四卷
子部/醫家類/傷寒金匱之屬
（明）張介賓撰　（清）魯超訂
民國上海雲章書局石印本
安州區　中醫大

0312　景岳全書六十四卷
子部/醫家類/傷寒金匱之屬
（明）張介賓撰　（清）魯超訂

民國石印本
南充 中醫大

0313 景岳全書二十四集十六種
子部/醫家類/傷寒金匱之屬
（明）張介賓著
民國上海會文堂新記書局石印本
省圖 自貢 安州區

0314 景岳全書發揮四卷首一卷
子部/醫家類/傷寒金匱之屬
（清）葉桂著
民國六年（1917）競進書局石印本
省圖

0315 景岳全書發揮四卷
子部/醫家類/傷寒金匱之屬
（清）葉桂著
民國二十五年（1936）千頃堂書局石印本
中醫大

0316 景岳全書發揮四卷
子部/醫家類/傷寒金匱之屬
（清）葉桂著
民國眉壽堂刻本
中醫大

0317 景岳全書脉神集義要訣三卷
子部/醫家類/傷寒金匱之屬
（明）張介賓著
抄本
中醫大

0318 景岳新方砭三卷
子部/醫家類/傷寒金匱之屬
（清）陳修園著
民國鉛印本
梓潼

0319 景岳新方砭四卷附二十四味敗毒散膁瘡隔紙膏取瘡散不分卷
子部/醫家類/傷寒金匱之屬
（清）陳修園著
民國刻本
三臺

0320 六經氣化解二卷
子部/醫家類/傷寒金匱之屬
陳紹勛輯
民國影印本
中醫大

0321 勿龕學醫雜鈔一卷
子部/醫家類/傷寒金匱之屬
熊志韜輯
民國抄本
省圖

0322 新編六經病講義三卷
子部/醫家類/傷寒金匱之屬
羅潛庵著
一九五一年羅潛庵紅格稿本
省圖

0323 醫效秘傳一卷
子部/醫家類/傷寒金匱之屬
（清）葉桂述
民國抄本
成都

0324 雜病論章節一卷
子部/醫家類/傷寒金匱之屬
（漢）張仲景原文 包識生分例 包

天白參校
民國十九年（1930）包氏醫宗出版部鉛印本
成都 中醫大

0325 百大名家合注傷寒論十六卷
子部/醫家類/傷寒金匱之屬/傷寒論
（晋）王叔和等集注
民國十三年（1924）上海千頃堂書局石印本
西昌

0326 曹氏傷寒發微四卷
子部/醫家類/傷寒金匱之屬/傷寒論
（漢）張仲景撰 曹家達釋義
民國二十年（1931）上海昌明醫藥學社鉛印本
省圖 中醫大

0327 訂正仲景全書傷寒論注十七卷首一卷
子部/醫家類/傷寒金匱之屬/傷寒論
（清）吴謙纂
民國十六年（1927）上海鴻寶齋石印本
安州區

0328 讀過傷寒論十八卷首二卷
子部/醫家類/傷寒金匱之屬/傷寒論
陳伯壇著
民國十九年（1930）上海陳養福堂刻本
省圖 中醫大

0329 讀傷寒論抄一卷
子部/醫家類/傷寒金匱之屬/傷寒論
（□）□□撰
民國抄本
成都

0330 翰山草堂何氏秘本傷寒辨類二卷
子部/醫家類/傷寒金匱之屬/傷寒論
（清）何世仁著
民國十五年（1926）上海中原書局石印本
德陽

0331 合注傷寒論十六卷
子部/醫家類/傷寒金匱之屬/傷寒論
吴考盤編纂
民國上海千頃堂書局石印本
達州

0332 何氏秘本幹山草堂傷寒辨類二卷
子部/醫家類/傷寒金匱之屬/傷寒論
何元常著
民國十五年（1926）上海中原書局石印本
中醫大

0333 加批傷寒論集注六卷
子部/醫家類/傷寒金匱之屬/傷寒論
（清）張志聰注釋 （清）高世栻纂集 （清）陳蓮舫加批 江忍庵校訂
民國二十一年（1932）廣益書局石印本
中醫大

0334 加批傷寒論集注六卷本義一卷
子部/醫家類/傷寒金匱之屬/傷寒論

（清）張志聰注釋 （清）高世栻纂集 （清）陳蓮舫加批 江忍庵校訂
民國十二年（1923）上海廣益書局石印本
省圖

0335 加批詳評景岳全書六十四卷
子部/醫家類/傷寒金匱之屬/傷寒論
（明）張介賓著 （清）葉桂評
民國十七年（1928）上海廣益書局石印本
中醫大

0336 加批詳評景岳全書六十四卷
子部/醫家類/傷寒金匱之屬/傷寒論
（明）張介賓著（清）葉桂評
民國二十四年（1935）上海廣益書局石印本
中醫大

0337 批注傷寒論十卷
子部/醫家類/傷寒金匱之屬/傷寒論
（漢）張機述 （晋）王熙撰 （金）成無已注解
民國元年（1912）江東書局影印本
雅安 富順

0338 批注傷寒論十卷藥方目録一卷圖一卷
子部/醫家類/傷寒金匱之屬/傷寒論
（漢）張機著 （晋）王叔和撰次 （宋）成無已注 （明）汪濟川校正
民國二十五年（1936）上海中華書局影印四部備要本
省圖 雅安 崇州

0339 切總傷寒不分卷
子部/醫家類/傷寒金匱之屬/傷寒論
（清）廖雲溪撰
民國四年（1915）刻本
川大

0340 傷寒辨注一卷金匱辨注一卷
子部/醫家類/傷寒金匱之屬/傷寒論
（清）陳金聲注
民國石印本
成都 中醫大

0341 傷寒辨證四卷
子部/醫家類/傷寒金匱之屬/傷寒論
（清）陳堯道編集
民國上海會文堂書局石印本
中醫大

0342 傷寒表裏見症治例活法一卷
子部/醫家類/傷寒金匱之屬/傷寒論
□□抄
民國抄本
成都

0343 傷寒病藥歌訣一卷
子部/醫家類/傷寒金匱之屬/傷寒論
金柏森撰
民國三十二年（1943）鉛印本
中醫大

0344 傷寒補天石二卷
子部/醫家類/傷寒金匱之屬/傷寒論
（明）戈維城著
民國抄本
中醫大

0345　傷寒撮要四卷
子部/醫家類/傷寒金匱之屬/傷寒論
（清）王夢祖輯並注
民國上海中醫書局影印古本醫學叢書本
省圖　中醫大

0346　傷寒大白四卷總論一卷
子部/醫家類/傷寒金匱之屬/傷寒論
（清）秦之楨纂著　卓垣焯藏　黃光祖參訂並校
民國四年（1915）成都昌福公司鉛印本
省圖　成都　德陽　川大　中醫大

0347　傷寒大白四卷總論一卷
子部/醫家類/傷寒金匱之屬/傷寒論
（清）秦之楨纂著　卓垣焯藏　黃光祖參訂並校
民國十一年（1922）吴門殷氏寗瑞堂石印本
中醫大

0348　傷寒第一書四卷附餘二卷
子部/醫家類/傷寒金匱之屬/傷寒論
（清）車宗輅　（清）胡憲豐同述
民國六年（1917）石印本
德陽

0349　傷寒第一書四卷附餘二卷
子部/醫家類/傷寒金匱之屬/傷寒論
（清）車宗輅　（清）胡憲豐同述
民國上海大德書局石印本
中醫大

0350　傷寒第一書四卷附餘兩卷
子部/醫家類/傷寒金匱之屬/傷寒論
（清）車宗輅　（清）胡憲豐同述
民國十七年（1928）上海廣益書局石印本
中醫大

0351　傷寒方解六卷
子部/醫家類/傷寒金匱之屬/傷寒論
張靜濤纂述　張澤沛參校
民國二十一年（1932）璧山縣文學社鉛印本
成都

0352　傷寒附翼二卷
子部/醫家類/傷寒金匱之屬/傷寒論
（清）柯琴編　（清）馬中驊校
民國石印本
省圖　達州　西充

0353　傷寒附翼二卷傷寒論翼二卷
子部/醫家類/傷寒金匱之屬/傷寒論
（清）柯琴編　（清）馬中驊校
民國石印本
西充

0354　傷寒古本考不分卷
子部/醫家類/傷寒金匱之屬/傷寒論
（日本）内藤希振撰　廖平補評
民國六年（1917）四川成都存古書局刻本
省圖　成都　樂山　川大　川師大

0355　傷寒廣要十二卷
子部/醫家類/傷寒金匱之屬/傷寒論
（日本）丹波元堅撰　蘇榮權等參校
民國二十四年（1935）上海中醫書局鉛印本
中醫大

0356 傷寒廣要十二卷附刊誤表一卷
子部/醫家類/傷寒金匱之屬/傷寒論
（日本）丹波元堅撰 蘇榮權等參校
民國九年（1920）成都昌福公司鉛印本
省圖 温江 川大 中醫大

0357 傷寒廣要十二卷金匱玉函要略述義三卷
子部/醫家類/傷寒金匱之屬/傷寒論
（日本）丹波元簡編
民國二十四年（1935）上海中醫書局鉛印本
中醫大

0358 傷寒恒論十卷
子部/醫家類/傷寒金匱之屬/傷寒論
（清）鄭壽全注
民國二十四年（1935）成都志古堂刻本
省圖 川大

0359 傷寒汲古三卷
子部/醫家類/傷寒金匱之屬/傷寒論
（漢）張機著 周岐隱纂録
民國二十二年（1933）四明怡怡書屋鉛印本
省圖 樂山 川大 中醫大

0360 傷寒集注六卷
子部/醫家類/傷寒金匱之屬/傷寒論
（清）張志聰注釋 （清）高世栻纂集
民國成都昌福公司鉛印本
青羊 川大

0361 傷寒集注六卷
子部/醫家類/傷寒金匱之屬/傷寒論
（清）張志聰注釋 （清）高世栻纂集
民國石印本
南溪區

0362 傷寒輯要不分卷
子部/醫家類/傷寒金匱之屬/傷寒論
（□）□□撰
民國抄本
中醫大

0363 傷寒講義一卷附桂枝湯講義一卷
子部/醫家類/傷寒金匱之屬/傷寒論
廖平撰
民國十年（1921）四川存古書局刻新訂六譯館叢書本
省圖 川師大

0364 傷寒金鏡録不分卷
子部/醫家類/傷寒金匱之屬/傷寒論
（□）□□撰
抄本
中醫大

0365 傷寒經方闡奥三卷
子部/醫家類/傷寒金匱之屬/傷寒論
何仲皋撰
民國二年（1913）成都中醫學堂刻本
省圖

0366 傷寒經方闡奥三卷
子部/醫家類/傷寒金匱之屬/傷寒論
何仲皋撰
民國八年（1919）成都時和醫社曹

禹三抄本
省圖

0367　傷寒經方闡奥三卷
子部/醫家類/傷寒金匱之屬/傷寒論
何仲皋撰
民國陶鼎勛抄本
成都

0368　傷寒經方闡奥三卷附泰否卦氣通傷寒霍亂説一卷
子部/醫家類/傷寒金匱之屬/傷寒論
何汝夔著 王開品參訂 何正勛校正 楊濬源等校録
民國刻本
省圖

0369　傷寒九十論一卷
子部/醫家類/傷寒金匱之屬/傷寒論
（宋）許叔微述 張驥評校 黄濟忠重鐫
民國元年（1912）雙流黄氏濟忠堂刻本
省圖 中醫大

0370　傷寒九十論一卷
子部/醫家類/傷寒金匱之屬/傷寒論
（宋）許叔微述 張驥評校 黄濟忠重鐫
民國二年（1913）雙流黄氏濟忠堂刻本
省圖 成都 中醫大

0371　傷寒來蘇集三種
子部/醫家類/傷寒金匱之屬/傷寒論
（清）柯琴編 （清）馬中驊校
民國弘仁會刻本
南充

0372　傷寒來蘇集三種
子部/醫家類/傷寒金匱之屬/傷寒論
（清）柯琴編 （清）馬中驊校
民國上海錦章圖書局石印本
省圖 川大 中醫大

0373　傷寒來蘇集三種
子部/醫家類/傷寒金匱之屬/傷寒論
（清）柯琴編 （清）馬中驊校
民國上海棋盤街文瑞樓石印本
省圖 川大 中醫大

0374　傷寒六書四卷
子部/醫家類/傷寒金匱之屬/傷寒論
（明）陶華述
民國十九年（1930）上海千頃堂書局石印本
川大

0375　傷寒論廣訓八卷
子部/醫家類/傷寒金匱之屬/傷寒論
巫燡著 蒲寓曇等同校
民國二十六年（1937）鉛印本
省圖 成都 川大 中醫大

0376　傷寒論彙注精華九卷首一卷
子部/醫家類/傷寒金匱之屬/傷寒論
（清）汪蓮石編
民國九年（1920）上海掃葉山房石印本
省圖 中醫大

0377　傷寒論集注六卷
子部/醫家類/傷寒金匱之屬/傷寒論

（清）張志聰注釋　（清）陳蓮舫加批　（清）高世栻纂集　（清）江忍庵校訂
民國十二年（1923）上海廣益書局石印本
省圖　南充　達州　西昌

0378　傷寒論集注折衷七卷首一卷
子部/醫家類/傷寒金匱之屬/傷寒論
（漢）張仲景原文　胡毓秀補注
民國二十六年（1937）信陽義興福印書館鉛印本
川大

0379　傷寒論輯義按六卷
子部/醫家類/傷寒金匱之屬/傷寒論
（日本）丹波元簡輯義　惲樹珏著
民國油印本
省圖

0380　傷寒論輯義按六卷附章太炎先生霍亂論一卷
子部/醫家類/傷寒金匱之屬/傷寒論
（日本）丹波元簡輯義　惲樹珏著
民國十八年（1929）新群印刷所鉛印本
中醫大

0381　傷寒論輯義按六卷附章太炎先生霍亂論一卷
子部/醫家類/傷寒金匱之屬/傷寒論
（日本）丹波元簡輯義　惲樹珏著
民國二十四年（1935）上海中醫書局鉛印本
中醫大

0382　傷寒論講義六卷附傷寒六經定法一卷
子部/醫家類/傷寒金匱之屬/傷寒論
（漢）張機撰　陳紹勛講述& 傷寒六經定法一卷　陳紹勛釋
民國二十六年（1937）彬明印刷社鉛印本
省圖　成都　達州　温江　中醫大

0383　傷寒論今釋八卷
子部/醫家類/傷寒金匱之屬/傷寒論
陸淵雷撰
民國二十年（1931）上海國醫學院鉛印醫學叢書本
省圖

0384　傷寒論類方一卷附六經脉證一卷
子部/醫家類/傷寒金匱之屬/傷寒論
（清）徐大椿編輯
民國石印本
瀘州

0385　傷寒論六卷
子部/醫家類/傷寒金匱之屬/傷寒論
（漢）張仲景述　（晋）王熙撰　（宋）林億校　（清）張志聰注釋　（清）高世栻纂集
民國六年（1917）上海章福記書局石印本
中醫大

0386　傷寒論六卷
子部/醫家類/傷寒金匱之屬/傷寒論
（漢）張仲景述　（晋）王熙撰　（宋）林億校　（清）張志聰注釋　（清）高世栻纂集

民國二十年（1931）鉛印本
中醫大

0387　傷寒論六卷
子部/醫家類/傷寒金匱之屬/傷寒論
（漢）張仲景述　（晋）王熙撰
（宋）林億校　（清）張志聰注釋
（清）高世栻纂集
民國上海錦章圖書局影印本
江油　安州區

0388　傷寒論六卷傷寒論本義一卷
子部/醫家類/傷寒金匱之屬/傷寒論
（漢）張仲景述　（晋）王熙撰
（宋）林億校　（清）張志聰注釋
（清）高世栻纂集
民國成都昌福公司鉛印本
川大

0389　傷寒論脉證式八卷附義生堂書目提要一卷
子部/醫家類/傷寒金匱之屬/傷寒論
（日本）川越正淑著　張驥校補　&
義生堂書目提要一卷　張驥輯
民國二十六年（1937）成都義生堂刻本
川大　中醫大

0390　傷寒論啓秘一卷
子部/醫家類/傷寒金匱之屬/傷寒論
（漢）張機原文　葉勁秋撰
民國二十三年（1934）少年中醫社鉛印本
中醫大

0391　傷寒論淺注補正七卷首一卷附識一道附録六首
子部/醫家類/傷寒金匱之屬/傷寒論
（漢）張機原文　（清）陳念祖淺注
（清）唐宗海補正
民國三年（1914）渝城瀛洲書屋刻本
瀘州　達州　青羊　南溪區　中醫大

0392　傷寒論十卷
子部/醫家類/傷寒金匱之屬/傷寒論
（漢）張仲景述　（晋）王淑和撰
（宋）林億校正　（明）趙開美校
（清）沈琳校
民國十年（1921）王選卿抄本
省圖

0393　傷寒論十卷
子部/醫家類/傷寒金匱之屬/傷寒論
（漢）張仲景述　（晋）王淑和撰
（宋）林億校正　（明）趙開美校
（清）沈琳校
民國十二年（1923）上海商務印書館影印明趙開美刻本
省圖　高縣　中醫大

0394　傷寒論十卷
子部/醫家類/傷寒金匱之屬/傷寒論
（漢）張仲景述　（晋）王淑和撰
（宋）林億校正　（明）趙開美校
（清）沈琳校
民國二十年（1931）上海中醫書局影印本
省圖　榮縣

0395　傷寒論十卷
子部/醫家類/傷寒金匱之屬/傷寒論

（漢）張仲景述 （晉）王淑和撰
（宋）林億校正 （明）趙開美校
（清）沈琳校
民國二十五年（1936）上海中華書局聚珍仿宋版鉛印本
攀枝花 雅安 高縣 西南交大

0396 傷寒論識六卷
子部/醫家類/傷寒金匱之屬/傷寒論
（日本）淺田惟常著 何廉臣鑒定
民國二十年（1931）上海六也堂書藥局鉛印何氏醫學叢書本
省圖 川大

0397 傷寒論述義五卷
子部/醫家類/傷寒金匱之屬/傷寒論
（日本）丹波元堅著 何廉臣鑒定
民國十八年（1929）上海六也堂書藥局鉛印本
中醫大

0398 傷寒論述義五卷
子部/醫家類/傷寒金匱之屬/傷寒論
（日本）丹波元堅著 何廉臣鑒定
民國二十年（1931）上海六也堂書藥局鉛印何氏醫學叢書本
省圖

0399 傷寒論述義五卷附傷寒論述義補
子部/醫家類/傷寒金匱之屬/傷寒論
（日本）丹波元堅著 何廉臣鑒定
民國二十四年（1935）上海中醫書局鉛印本
中醫大

0400 傷寒論條辨八卷附傷寒論條辨或問一卷傷寒論條辨本草鈔一卷傷寒論條辨痙書一卷痙書或問一卷
子部/醫家類/傷寒金匱之屬/傷寒論
（明）方有執著 （清）陳廷杜斠鐫 嚴式誨重刊
民國十四年（1925）成都渭南嚴氏孝義家塾刻本
省圖 成都 川大 中醫大

0401 傷寒論新元編四卷首一卷
子部/醫家類/傷寒金匱之屬/傷寒論
（漢）張機撰 王正樞編次
民國十一年（1922）長沙復豐印刷局鉛印本
省圖

0402 傷寒論研究四卷
子部/醫家類/傷寒金匱之屬/傷寒論
惲鐵樵學 章巨膺 何川 徐銓 顧雨時參校
民國十三年（1924）鐵樵醫藥事務所鉛印本
省圖 中醫大

0403 傷寒論研究四卷
子部/醫家類/傷寒金匱之屬/傷寒論
惲鐵樵學 章巨膺 何川 徐銓 顧雨時參校
民國十三年（1924）上海商務印書館鉛印本
省圖

0404 傷寒論研究四卷
子部/醫家類/傷寒金匱之屬/傷寒論

惲鐵樵學 章巨膺 何川 徐銓 顧雨時參校
民國二十四年（1935）鐵樵醫藥事務所鉛印本
省圖 中醫大

0405 傷寒論研究四卷
子部/醫家類/傷寒金匱之屬/傷寒論
惲鐵樵學 章巨膺 何川 徐銓 顧雨時參校
民國二十四年（1935）上海民友印刷公司鉛印本
省圖

0406 傷寒論原文淺注六卷
子部/醫家類/傷寒金匱之屬/傷寒論
（清）陳念祖集注 （清）陳蔚參校 （清）陳元犀參校
民國上海錦章圖書局石印本
瀘州

0407 傷寒論原文淺注六卷
子部/醫家類/傷寒金匱之屬/傷寒論
（清）陳念祖集注 （清）陳蔚參校 （清）陳元犀參校
民國何瑩生手抄本
通江縣

0408 傷寒論注六卷
子部/醫家類/傷寒金匱之屬/傷寒論
（清）王丙著 （清）陸懋修校
民國世補齋影印本
江油

0409 傷寒論注四卷附傷寒論翼二卷傷寒附翼二卷
子部/醫家類/傷寒金匱之屬/傷寒論
（漢）張機原文 （清）柯琴編注 （清）馬中驊校訂&傷寒附翼二卷 （清）柯琴編 （清）馬中驊校
民國上海錦章圖書局石印本
省圖 西充

0410 傷寒論注四卷附傷寒論翼二卷傷寒附翼二卷
子部/醫家類/傷寒金匱之屬/傷寒論
（漢）張機原文 （清）柯琴編注 （清）馬中驊校訂 &傷寒附翼二卷 （清）柯琴編 （清）馬中驊校
民國上海文瑞樓石印本
省圖 德陽

0411 傷寒漫談一卷
子部/醫家類/傷寒金匱之屬/傷寒論
程天靈著
民國瀘縣鈕子街健文石印社石印本
省圖

0412 傷寒平議不分卷
子部/醫家類/傷寒金匱之屬/傷寒論
廖平撰
民國六年（1917）成都存古書局刻新訂六譯館叢書本
省圖 中醫大 川師大

0413 傷寒三字經一卷
子部/醫家類/傷寒金匱之屬/傷寒論
劉懋勛撰
民國二十一年（1932）上海千傾堂書局石印本
温江

0414　傷寒舌鑒一卷
子部/醫家類/傷寒金匱之屬/傷寒論
（清）張登匯纂　（清）邵之鵬校
民國上海錦章圖書局石印本
成都

0415　傷寒舌鑒一卷
子部/醫家類/傷寒金匱之屬/傷寒論
（清）張登匯纂　（清）邵之鵬校
民國抄本
南溪區

0416　傷寒説意不分卷
子部/醫家類/傷寒金匱之屬/傷寒論
（清）黃元御著　（□）□□抄
民國抄本
省圖

0417　傷寒説意不分卷
子部/醫家類/傷寒金匱之屬/傷寒論
（清）黃元御著　（□）□□抄
民國抄本
中醫大

0418　傷寒條辨二卷
子部/醫家類/傷寒金匱之屬/傷寒論
費通甫著
民國二十六年（1937）上海中醫書局鉛印本
中醫大

0419　傷寒微旨論二卷
子部/醫家類/傷寒金匱之屬/傷寒論
（宋）韓祗和撰　（清）錢熙祚輯
民國十一年（1922）上海博古齋影印守山閣叢書本
西南民大

0420　傷寒心法十五卷
子部/醫家類/傷寒金匱之屬/傷寒論
（□）□□撰
民國石印本
達州　省委黨校

0421　傷寒緒論二卷
子部/醫家類/傷寒金匱之屬/傷寒論
（清）張璐撰
民國石印本
瀘州　中醫大

0422　傷寒懸解十四卷傷寒説意十卷
子部/醫家類/傷寒金匱之屬/傷寒論
（清）黃元御撰　（清）徐樹銘校
民國上海錦章圖書局鉛印本
達州　西昌

0423　傷寒懸解十四卷首一卷末一卷
子部/醫家類/傷寒金匱之屬/傷寒論
（清）黃元御撰　（清）徐樹銘校
民國石印本
安州區

0424　傷寒學三卷
子部/醫家類/傷寒金匱之屬/傷寒論
成都國醫講習所編
民國成都維新印刷局鉛印本
西昌

0425　傷寒尋源三卷
子部/醫家類/傷寒金匱之屬/傷寒論
（清）吕震名著
民國上海中醫書局影印本
川大

0426　傷寒尋源三卷
子部/醫家類/傷寒金匱之屬/傷寒論
（清）吕震名著
抄本
中醫大

0427　傷寒一百三十方注解不分卷
子部/醫家類/傷寒金匱之屬/傷寒論
（□）□□撰
抄本
中醫大

0428　傷寒醫訣串解六卷附救急經驗良方一卷
子部/醫家類/傷寒金匱之屬/傷寒論
（清）陳念祖撰　（清）竹梅居士撰
民國二十年（1931）上海錦章圖書局陳念祖刻本
遂寧

0429　傷寒醫訣串解六卷附救急經驗良方一卷
子部/醫家類/傷寒金匱之屬/傷寒論
（清）陳念祖撰　（清）竹梅居士撰
民國石印本
崇州

0430　傷寒醫訣串解六卷附傷寒真方歌括四卷
子部/醫家類/傷寒金匱之屬/傷寒論
（清）陳念祖著
民國石印本
中醫大

0431　傷寒醫訣串解六卷附十藥神書注解五卷
子部/醫家類/傷寒金匱之屬/傷寒論
（清）陳念祖著
民國石印本
仁壽

0432　傷寒原旨八卷
子部/醫家類/傷寒金匱之屬/傷寒論
（漢）張仲景原文　何仲皋批注
民國二十二年（1933）四川高等國醫學校鉛印本
省圖　温江　郫都　中醫大

0433　傷寒約編六卷
子部/醫家類/傷寒金匱之屬/傷寒論
（清）徐大椿著
民國石印本
瀘州

0434　傷寒雜病論古本三卷首一卷
子部/醫家類/傷寒金匱之屬/傷寒論
（漢）張仲景著　廖平撰輯
民國八年（1919）成都存古書局刻本
中醫大

0435　傷寒雜病論古本三卷首一卷
子部/醫家類/傷寒金匱之屬/傷寒論
（漢）張仲景著　廖平撰輯
民國十年（1921）成都存古書局刻匯印新訂六譯館叢書本
省圖　樂山　川大　川師大

0436　傷寒雜病論集注十六卷首二卷
子部/醫家類/傷寒金匱之屬/傷寒論
黄維翰學　趙丕燮　王肇業校
民國二十四年（1935）中央國醫館鉛印本
省圖

0437　傷寒雜病論集注十六卷首二卷
子部/醫家類/傷寒金匱之屬/傷寒論
黄維翰學　趙丕燮　王肇業校
民國二十五年(1936)西安克興印書館鉛印黄氏醫學叢書本
省圖

0438　傷寒雜病論十六卷
子部/醫家類/傷寒金匱之屬/傷寒論
(漢)張機著　(西晋)王叔和校本
(唐)孫思邈述　劉瑞瀜校讎
民國二十一年(1932)石印本
省圖　中醫大

0439　傷寒雜病論十六卷
子部/醫家類/傷寒金匱之屬/傷寒論
(漢)張機著　(西晋)王叔和校本
(唐)孫思邈述　劉瑞瀜校讎
民國二十三年(1934)影印本
省圖

0440　傷寒雜病論十六卷
子部/醫家類/傷寒金匱之屬/傷寒論
(漢)張機著　(西晋)王叔和校本
(唐)孫思邈述　劉瑞瀜校讎
民國成都日新印刷工業社鉛印本
省圖　成都　達州　中醫大

0441　傷寒雜病論十六卷
子部/醫家類/傷寒金匱之屬/傷寒論
(漢)張機著　(西晋)王叔和校本
(唐)孫思邈述　劉瑞瀜校讎
民國貴陽文通書局鉛印本
瀘州

0442　傷寒雜病論義疏十六卷
子部/醫家類/傷寒金匱之屬/傷寒論
劉世禎述義　劉瑞瀜疏釋　方錫藩敬録
民國二十三年(1934)湘鄂印刷公司鉛印本
省圖　西昌　中醫大

0443　傷寒雜病指南二卷
子部/醫家類/傷寒金匱之屬/傷寒論
(漢)張機著　葉隱衡編纂
民國十七年(1928)上海廣益書局石印本
省圖

0444　傷寒針方淺解不分卷
子部/醫家類/傷寒金匱之屬/傷寒論
承澹盦編撰
民國德陽正興石印社石印澹盦醫學叢書本
省圖

0445　傷寒證方一卷
子部/醫家類/傷寒金匱之屬/傷寒論
(□)□□撰
民國抄本
省圖　樂山

0446　傷寒之雜病不分卷
子部/醫家類/傷寒金匱之屬/傷寒論
廖平著
民國刻本
川師大

0447　傷寒指掌四卷
子部/醫家類/傷寒金匱之屬/傷寒論

（清）吴貞安原本 （清）陸懋修重訂 （清）李林馥校
民國七年（1918）上海鴻寶齋書局石印本
省圖 西昌

0448 傷寒準繩八卷
子部/醫家類/傷寒金匱之屬/傷寒論
（明）王肯堂編撰
民國鴻寶齋書局石印本
遂寧

0449 傷寒總病論六卷附重雕宋刻傷寒總病論劄記一卷
子部/醫家類/傷寒金匱之屬/傷寒論
（宋）龐安時撰 &重雕宋刻傷寒總病論劄記一卷 （清）黄丕烈撰
民國上海千頃堂書局據士禮居黄氏叢書本影印本
川大 中醫大

0450 傷寒總病論六卷附重雕宋刻傷寒總病論劄記一卷傷寒總病論重校記不分卷
子部/醫家類/傷寒金匱之屬/傷寒論
（宋）龐安時撰 &重雕宋刻傷寒總病論劄記不分卷 （清）黄丕烈撰 &傷寒總病論重校記不分卷 （□）□□撰
民國元年（1912）武昌醫館刻本
省圖

0451 傷寒總論一卷傷寒總論補證一卷太素四時補證一卷瘧解補證一卷講義一卷
子部/醫家類/傷寒金匱之屬/傷寒論
廖平補證
民國六年（1917）四川成都存古書局刻新訂六譯館叢書本
省圖 井研 中醫大 川師大

0452 傷寒纂要備解不分卷
子部/醫家類/傷寒金匱之屬/傷寒論
吴耀纂輯
抄本
中醫大

0453 傷寒纘論二卷
子部/醫家類/傷寒金匱之屬/傷寒論
（清）張璐纂
民國上海錦章圖書局石印本
崇州 中醫大

0454 尚論篇四卷附尚論後篇四卷首一卷
子部/醫家類/傷寒金匱之屬/傷寒論
（清）喻昌著
民國簡青齋書局石印本
富順 中醫大

0455 尚論篇四卷首一卷尚論後篇四卷
子部/醫家類/傷寒金匱之屬/傷寒論
（清）喻昌撰
民國上海廣益書局石印本
省圖 川大

0456 尚論張仲景傷寒論重編二卷首一卷後四卷
子部/醫家類/傷寒金匱之屬/傷寒論
（清）喻昌撰
民國刻本
瀘州 南溪區

0457　新傷寒證治庸言四卷
子部/醫家類/傷寒金匱之屬/傷寒論
羅文杰著
民國二十五年（1936）鉛印本
樂山

0458　新傷寒證治庸言四卷
子部/醫家類/傷寒金匱之屬/傷寒論
羅文杰著
民國三十六年（1947）京城印書局鉛印本
省圖

0459　新增傷寒集注十五卷
子部/醫家類/傷寒金匱之屬/傷寒論
（清）舒詔著
民國上海千頃堂書局石印本
川大

0460　醫效秘傳三卷
子部/醫家類/傷寒金匱之屬/傷寒論
（清）葉桂述　（清）吴金壽校
民國石印本
省圖　樂山　江油

0461　增訂傷寒百證歌注五卷
子部/醫家類/傷寒金匱之屬/傷寒論
（宋）許叔微著　（清）何廉臣增訂
民國六也堂書藥局鉛印本
西昌　中醫大

0462　增訂傷暑全書二卷
子部/醫家類/傷寒金匱之屬/傷寒論
（明）張鶴騰撰　（清）葉霖增訂
民國六年（1917）紹興醫藥學報社鉛印本
中醫大

0463　增訂條注傷寒心法八卷
子部/醫家類/傷寒金匱之屬/傷寒論
陳紹勛注
民國二十一年（1932）江北縣魚鎮醫學傳習所石印本
中醫大

0464　增訂條注傷寒心法八卷
子部/醫家類/傷寒金匱之屬/傷寒論
陳紹勛注
民國宏文石印局石印本
南充

0465　張仲景金匱要略論注二十四卷
子部/醫家類/傷寒金匱之屬/傷寒論
（清）徐彬著　（清）朱䛬校
民國三年（1914）上海校經山房石印本
中醫大

0466　張仲景傷寒論方六卷
子部/醫家類/傷寒金匱之屬/傷寒論
許宗正合解
民國刻本
中醫大

0467　張仲景傷寒論合注十六卷
子部/醫家類/傷寒金匱之屬/傷寒論
（清）吴隱亭編次
民國十三年（1924）上海千頃堂書局石印本
川大　川師大

0468　張仲景傷寒論原文淺注六卷
子部/醫家類/傷寒金匱之屬/傷寒論

（清）陳念祖集注 （清）陳蔚参校 （清）陳元犀参校
民國上海錦章圖書局石印本
瀘州 江油 中江 崇州 新都 安州 區 川博

0469　張仲景傷寒雜病論表識新編注釋九卷首一卷
子部/醫家類/傷寒金匱之屬/傷寒論
（清）田啓榮著　王隆詩評　胡濟安等校
民國八年（1919）田氏刻本
省圖

0470　張仲景傷寒雜病論表識新編注釋九卷首一卷
子部/醫家類/傷寒金匱之屬/傷寒論
（清）田啓榮著　王隆詩評　胡濟安等校
民國刻本
省圖

0471　張仲景注解傷寒百證歌五卷附經絡歌訣一卷傷寒六經定法一卷傷寒問答一卷
子部/醫家類/傷寒金匱之屬/傷寒論
（宋）許叔微著 （清）汪昂注
民國美利利公司鉛印本
省圖

0472　張仲景注解傷寒百證歌五卷附傷寒六經定法一卷
子部/醫家類/傷寒金匱之屬/傷寒論
（宋）許叔微著 （清）舒詔馳注
民國江左書林石印本
省圖

0473　仲景存真集二卷附勸讀十則一卷
子部/醫家類/傷寒金匱之屬/傷寒論
（漢）張機撰 （清）吴蓬萊編輯
民國二十年（1931）上海錦章圖書局石印本
瀘州

0474　仲景傷寒補亡論二十卷
子部/醫家類/傷寒金匱之屬/傷寒論
（宋）郭雍撰次
民國十四年（1925）蘇州文新印刷公司鉛印本
成都

0475　仲景傷寒一卷
子部/醫家類/傷寒金匱之屬/傷寒論
（漢）張機撰
民國抄本
省圖

0476　注解傷寒論十卷
子部/醫家類/傷寒金匱之屬/傷寒論
（漢）張機述 （晋）王熙撰次 （金）成無已批注
民國十三年（1924）熊羅宿影印本
雅安

0477　注解傷寒論十卷
子部/醫家類/傷寒金匱之屬/傷寒論
（漢）張機撰（晋）王叔和編（金）成無已注
民國十八年（1929）上海商務印書館影印本
西南交大

0478　注解傷寒論十卷
子部/醫家類/傷寒金匱之屬/傷寒論
（漢）張機撰（晉）王叔和編（金）成無己注
民國上海中華書局鉛印四部備要本
省圖　川博

0479　注解傷寒論十卷
子部/醫家類/傷寒金匱之屬/傷寒論
（漢）張機撰（晉）王叔和編（金）成無己注
民國上海涵芬樓影印本
成都　崇州　大邑　富順　中江　井研　仁壽　自貢鹽博　省委黨校

0480　注解傷寒論十卷論圖一卷附傷寒舌鑒一卷傷寒明理論三卷藥方論一卷
子部/醫家類/傷寒金匱之屬/傷寒論
（漢）張機述　（西晉）王叔和撰次（宋）成無己注解　&傷寒舌鑒一卷（清）張登彙纂　&傷寒明理論三卷藥方論一卷　（宋）成無己撰
民國元年（1912）上海江東書局石印本
省圖

0481　最新傷寒論精義折中二卷
子部/醫家類/傷寒金匱之屬/傷寒論
朱茀著
民國二十三年（1934）京華書局鉛印本
川大

0482　增訂仲景存真集二卷
子部/醫家類/傷寒金匱之屬/傷寒論
（清）懷德氏編輯
民國二十年（1931）上海錦章圖書局石印本
西昌

0483　重校金匱心典三卷
子部/醫家類/傷寒金匱之屬/金匱要略
（漢）張仲景著
民國二十七年（1938）上海千頃堂書局鉛印本
西昌

0484　丹溪先生金匱鈎玄三卷
子部/醫家類/傷寒金匱之屬/金匱要略
（元）朱震亨撰　（明）戴思恭録（明）吳勉學校
民國影印本
中醫大

0485　加批校正金匱心典三卷
子部/醫家類/傷寒金匱之屬/金匱要略
（清）陳蓮舫批　江忍庵校正
民國十七年（1928）廣益書局石印本
中醫大

0486　金匱方歌括六卷
子部/醫家類/傷寒金匱之屬/金匱要略
（清）陳念祖著　（清）陳蔚訂（清）陳元犀韻注　（清）陳心典等校字
民國上海錦章圖書局石印本
瀘州　遂寧　安州區　中醫大

0487　金匱方解六卷
子部/醫家類/傷寒金匱之屬/金匱要略
（漢）張機原文　張靜濤編述　張澤沛參校
民國二十一年（1932）璧山縣文學社石印本
省圖

0488　金匱論方合解七卷
子部/醫家類/傷寒金匱之屬/金匱要略
許宗正撰
民國元年（1912）潼川郡許氏刻本
省圖

0489　金匱傷寒補遺合編二卷附碎玉補拾一卷
子部/醫家類/傷寒金匱之屬/金匱要略
（漢）張仲景著　&碎玉補拾一卷（三國魏）華佗著
民國三十年（1941）鉛印本
川大

0490　金匱心典讀本三卷
子部/醫家類/傷寒金匱之屬/金匱要略
（漢）張機著　（清）尤怡集注　劉賢校
民國三十三年（1944）上海千頃堂書局鉛印本
中醫大

0491　金匱心典三卷
子部/醫家類/傷寒金匱之屬/金匱要略
（漢）張機著　（清）尤怡集注（清）陳蓮舫批　江忍庵校
民國十七年（1928）上海廣益書局石印本
中醫大

0492　金匱懸解二十二卷
子部/醫家類/傷寒金匱之屬/金匱要略
（清）黃元御撰
民國石印本
中醫大

0493　金匱學一卷
子部/醫家類/傷寒金匱之屬/金匱要略
（□）□□撰
民國鉛印本
成都

0494　金匱要略二卷
子部/醫家類/傷寒金匱之屬/金匱要略
（漢）張機撰　（晋）王熙集
民國上海涵芬樓影印本
富順

0495　金匱要略方論本義二十二卷
子部/醫家類/傷寒金匱之屬/金匱要略
（清）魏荔彤釋義
民國成都昌福公司鉛印本
省圖　瀘州　温江　川大

0496　金匱要略方論本義五卷
子部/醫家類/傷寒金匱之屬/金匱要略
（清）魏荔彤釋義　蘇榮權　卓信鵠參校
民國十四年（1925）成都昌福公司鉛印本
省圖　中醫大

0497　金匱要略方論今釋八卷
子部/醫家類/傷寒金匱之屬/金匱要略
陸淵雷撰述　沈本琰參校
民國二十四年（1935）上海陸淵雷醫室鉛印本
省圖

0498　金匱要略方論三卷
子部/醫家類/傷寒金匱之屬/金匱要略
（漢）張機撰　（晋）王熙撰次
民國十二年（1923）王選卿抄本
省圖

0499　金匱要略方論三卷
子部/醫家類/傷寒金匱之屬/金匱要略
（漢）張機撰　（晋）王叔和集
民國十八年（1929）上海商務印書館影印本
雅安　西南交大

0500　金匱要略方論三卷
子部/醫家類/傷寒金匱之屬/金匱要略
（漢）張機撰　（晋）王熙撰次
民國二十五年（1936）刻本
川大

0501　金匱要略方論三卷
子部/醫家類/傷寒金匱之屬/金匱要略
（漢）張機撰　（晋）王熙撰次
民國上海涵芬樓影印本
大邑　高縣　川師大

0502　金匱要略集注折衷九卷
子部/醫家類/傷寒金匱之屬/金匱要略
（漢）張仲景原文　胡毓秀補注
民國二十六年（1937）信陽義興福印書館鉛印本
川大　中醫大

0503　金匱要略講義九卷
子部/醫家類/傷寒金匱之屬/金匱要略
（漢）張機原文　陳紹勛講述　周德馨筆録
民國二十五年（1936）成都彬明印刷社鉛印本
省圖

0504　金匱要略淺注補正九卷
子部/醫家類/傷寒金匱之屬/金匱要略
（漢）張機原文　（清）陳念祖注
（清）唐宗海補正
民國上海圖書集成印書局鉛印本
遂寧

0505　金匱要略淺注十卷
子部/醫家類/傷寒金匱之屬/金匱要略
（漢）張機撰　（清）陳念祖集注
民國上海錦章圖書局石印本
瀘州　西昌　安州區　川博

0506　金匱要略淺注十卷金匱歌括六卷
子部/醫家類/傷寒金匱之屬/金匱要略
（清）陳念祖修定
民國刻本
南溪區

0507　金匱要略淺注補正九卷
子部/醫家類/傷寒金匱之屬/金匱要略
（漢）張機原文　（清）陳念祖注
（清）唐宗海補正
民國上海千頃堂書局石印本
省圖　西充

0508　金匱要略二卷
子部/醫家類/傷寒金匱之屬/金匱要略
（漢）張機撰　（晋）王熙集
民國二十五年（1936）上海中華書局聚珍仿宋版鉛印本
攀枝花　叙永　西南交大

0509　金匱要略三卷
子部/醫家類/傷寒金匱之屬/金匱要略
（漢）張仲景著　（晋）王叔和撰次
（宋）林億校正　（明）趙開美校刊
民國二十五年（1936）上海中華書局鉛印本
南充　榮縣

0510　金匱要略三卷
子部/醫家類/傷寒金匱之屬/金匱要略
（漢）張仲景著　（晋）王叔和撰次
（宋）林億校正　（明）趙開美校刊
民國上海涵芬樓影印本
富順　筠連　榮經

0511　金匱要略三卷
子部/醫家類/傷寒金匱之屬/金匱要略
（漢）張仲景著　（晋）王叔和撰次
（宋）林億校正　（明）趙開美校刊
民國抄本
温江

0512　金匱要略五十家注彙纂二十四卷首一卷
子部/醫家類/傷寒金匱之屬/金匱要略
（清）吴隱亭編
民國二十年（1931）上海千頃堂書局石印本
中醫大

0513　金匱要略心典三卷
子部/醫家類/傷寒金匱之屬/金匱要略
（漢）張機著　（清）尤怡集注

民國十七年（1928）刻本
川大

0514　金匱要略心典三卷
子部/醫家類/傷寒金匱之屬/金匱要略
（漢）張機著　（清）尤怡集注
民國上海文瑞樓石印本
成都　中醫大

0515　金匱要略新詮二卷
子部/醫家類/傷寒金匱之屬/金匱要略
李斯熾撰
民國四川省國醫學院鉛印本
中醫大

0516　金匱翼八卷
子部/醫家類/傷寒金匱之屬/金匱要略
（清）尤怡集　（清）徐錦炳讀
民國上海鴻章書局石印本
省圖　蓬溪　川大　中醫大

0517　金匱玉函經二注二十二卷附補方一卷十藥神書一卷
子部/醫家類/傷寒金匱之屬/金匱要略
（明）趙以德衍義　（清）周揚俊補注　（清）李清俊重刊　（清）葉萬青參校
民國十年（1921）蘇州萃芬書屋刻本
青羊　中醫大

0518　金匱玉函要略方論三卷
子部/醫家類/傷寒金匱之屬/金匱要略
（漢）張仲景撰　（晋）王叔和集　（宋）林億詮次
民國上海中華書局鉛印本
雅安　川博

0519　金匱玉函要略方論三卷
子部/醫家類/傷寒金匱之屬/金匱要略
（漢）張仲景撰　（晋）王叔和集　（宋）林億詮次
民國上海涵芬樓影印本
省委黨校

0520　金匱玉函要略輯義六卷
子部/醫家類/傷寒金匱之屬/金匱要略
（日本）丹波元簡著
民國二十四年（1935）上海中醫書局鉛印本
中醫大

0521　新編金匱要略方論三卷
子部/醫家類/傷寒金匱之屬/金匱要略
（漢）張機述　（晋）王叔和集　（宋）林億等詮次
民國上海涵芬樓影印本
成都　瀘州　雅安　崇州　自貢鹽博

診法之屬

0522　身寶
子部/醫家類/診法之屬
（□）□□撰
民國抄本
省圖

0523　察病指南三卷
子部/醫家類/診法之屬
（宋）施發著
民國十四年（1925）中華新教育社石印本
省圖

0524　國醫診斷學二卷首一卷
子部/醫家類/診法之屬
胡善盧編
民國二十五年（1936）上海校經山房印刷所鉛印本
省圖

0525　校正瀕湖脉學一卷奇經八脉考一卷
子部/醫家類/診法之屬
（明）李時珍撰　（清）吴毓昌校訂
民國上海鴻寶齋書局石印本
瀘州　富順　中醫大

0526　脉診便讀一卷
子部/醫家類/診法之屬
（清）張秉成撰　（清）袁彦本校訂
民國十七年（1928）上海千傾堂書局刻本
省圖

0527　脉理綱要一卷
子部/醫家類/診法之屬
馮尚忠著
民國十一年（1922）成都昌福公司鉛印本
省圖　成都　樂山　川大　中醫大

0528　内經平脉考一卷
子部/醫家類/診法之屬
廖平輯
民國四年（1915）成都存古書局刻四譯館醫書本
省圖

0529　四診抉微一卷
子部/醫家類/診法之屬
劉安衢輯
民國祥記彬明印刷社鉛印本
中醫大

0530　石頑老人診宗三昧一卷
子部/醫家類/診法之屬
（清）張登編次
民國鉛印本
省圖

0531　學古診則四卷
子部/醫家類/診法之屬
（清）盧之頤緝正
民國復印本
省圖

0532　楊氏太素三部診法補證一卷楊注太素九候篇診法補證一卷附十二經動脉表一卷
子部/醫家類/診法之屬
（隋）楊上善撰　廖平補證
民國四年（1915）成都存古書局刻新訂六譯館叢書本
省圖　南充　川師大

0533　楊氏太素診絡篇補證三卷附診絡篇病表名詞一卷
子部/醫家類/診法之屬
（隋）楊上善撰注　廖平補證
民國三年（1914）成都存古書局刻本
成都　南充　三臺　井研　南溪區　中醫大

0534　楊注太素九候篇診法補證一卷
子部/醫家類/診法之屬
（隋）楊上善撰注　廖平補證
民國四年（1915）成都存古書局刻新訂六譯館叢書本
省圖

0535　醫人要法一卷
子部/醫家類/診法之屬
（□）□□撰
民國抄本
省圖

0536　診斷學不分卷
子部/醫家類/診法之屬
□□撰
民國成都維新印刷局鉛印本
川大

0537　診斷學彙編
子部/醫家類/診法之屬
（隋）楊上善撰注　廖平補證
民國十三年（1924）上海千頃堂書局石印本
川大　中醫大

0538　診斷學講義二編
子部/醫家類/診法之屬
秦之濟述　辛瑞鋒　楊忠信等參訂
民國秦氏同學會鉛印本
省圖

0539　診斷學一卷
子部/醫家類/診法之屬
敖文伯撰
民國十一年（1922）鉛印本
成都

0540　診骨篇補證一卷中西骨格辯證一卷
子部/醫家類/診法之屬
（隋）楊上善撰注　廖平補證
民國五年（1916）成都存古書局刻本
井研　南溪區

0541　診筋篇補證一卷附十二筋病表
子部/醫家類/診法之屬
（隋）楊上善撰注　廖平補證

民國五年（1916）成都存古書局刻本
三臺 南溪區 川師大

0542 診皮篇補證三卷
子部/醫家類/診法之屬
（隋）楊上善撰注 廖平補證
民國三年（1914）成都存古書局刻本
南充 川師大

0543 證治針經四卷附集中備檢方訣
子部/醫家類/診法之屬
（清）郭誠勛編
民國二十四年（1935）四川崇善社石印本
中醫大

0544 診宗三昧一卷
子部/醫家類/診法之屬
（清）張登編次
民國鉛印本
瀘州

0545 仲景三部九候診法不分卷附仲景診脉篇一卷
子部/醫家類/診法之屬
廖平輯
民國五年（1916）成都存古書局刻本
省圖 南溪區 川師大

0546 逐病論治録三卷
子部/醫家類/診法之屬
何仲皋著 何龍舉帙
民國影印本
省圖

0547 辨脉法篇一卷平脉法篇一卷
子部/醫家類/診法之屬/脉經脉訣
（漢）張機撰 （清）周學海章句
民國上海中醫書局影印本
省圖 中醫大

0548 辨脉指南二卷
子部/醫家類/診法之屬/脉經脉訣
（清）郭治著
民國二十年（1931）上海中醫書局石印本
中醫大

0549 辨脉指南二卷
子部/醫家類/診法之屬/脉經脉訣
（清）郭治著
民國二十四年（1935）上海中醫書局石印本
省圖 樂山 中醫大

0550 辨脉指南二卷
子部/醫家類/診法之屬/脉經脉訣
（清）郭治著
民國石印本
省圖

0551 讀脉約編不分卷
子部/醫家類/診法之屬/脉經脉訣
（□）□□撰
民國抄本
省圖

0552 端本堂考證脉鏡一卷
子部/醫家類/診法之屬/脉經脉訣
（明）王肯堂輯
民國抄本
中醫大

0553 鬼真君脉訣一卷
子部/醫家類/診法之屬/脉經脉訣

（清）陳士鐸撰
抄本
中醫大

0554　家傳太素脉秘訣不分卷
子部/醫家類/診法之屬/脉經脉訣
（明）張太素述　（明）劉伯詳注
（明）周文煒梓
民國十七年（1928）北京天華館鉛印本
中醫大

0555　校正圖注脉訣四卷
子部/醫家類/診法之屬/脉經脉訣
（晉）王叔和撰　（明）張世賢注
民國石印本
瀘州

0556　校正圖注脉訣四卷
子部/醫家類/診法之屬/脉經脉訣
（晉）王叔和撰　（明）張世賢注
民國上海錦章圖書局石印本
中醫大

0557　校正圖注脉訣四卷難經四卷
子部/醫家類/診法之屬/脉經脉訣
（晉）王叔和撰　（明）張世賢注
民國上海鴻寶齋書局鉛印本
達州

0558　校正圖注脉訣四卷附方一卷
子部/醫家類/診法之屬/脉經脉訣
（晉）王叔和撰（明）張世賢注
民國石印本
中醫大

0559　捷要雜略脉訣一卷附鄧氏雜略湯頭歌括一卷
子部/醫家類/診法之屬/脉經脉訣
（□）□□撰
民國二十六年（1937）張智和抄本
省圖

0560　經脉分圖四卷
子部/醫家類/診法之屬/脉經脉訣
（清）吴之英撰
民國九年（1920）名山吴氏刻本
三臺

0561　經脉圖考四卷
子部/醫家類/診法之屬/脉經脉訣
（清）陳惠疇著
民國十七年（1928）上海民和書局影印本
省圖

0562　林新齋秘傳脉訣一卷
子部/醫家類/診法之屬/脉經脉訣
（□）□□撰
民國抄本
成都

0563　脉經考證一卷
子部/醫家類/診法之屬/脉經脉訣
（晉）王叔和撰（宋）林億類次　廖平輯著
民國四年（1915）成都存古書局刻本
省圖　南充　三臺

0564　脉經十卷
子部/醫家類/診法之屬/脉經脉訣
（晉）王叔和撰　（宋）林億類次
民國十八年（1929）上海商務印書館影印本
西南交大

0565　脉經十卷
子部/醫家類/診法之屬/脉經脉訣
（晋）王叔和撰　（宋）林億類次
民國上海涵芬樓影印本
大邑　高縣　川師大

0566　脉訣不分卷
子部/醫家類/診法之屬/脉經脉訣
（□）□□撰
民國抄本
高縣

0567　脉訣啓悟注釋一卷
子部/醫家類/診法之屬/脉經脉訣
（清）徐大椿撰
民國二十四年（1935）石印本
成都

0568　脉理問答一卷附傷寒論一百一十三方一卷
子部/醫家類/診法之屬/脉經脉訣
馮尚忠著
民國成都昌福公司鉛印本
省圖

0569　脉因證治四卷
子部/醫家類/診法之屬/脉經脉訣
（元）朱震亨著
民國上海江左書林石印本
三臺

0570　脉證清白二卷
子部/醫家類/診法之屬/脉經脉訣
（□）□□撰
民國抄本
中醫大

0571　奇經八脉病歌不分卷
子部/醫家類/診法之屬/脉經脉訣
（□）□□撰
民國抄本
中醫大

0572　三指禪二卷
子部/醫家類/診法之屬/脉經脉訣
（清）周學霆撰
民國廣益書局石印本
中醫大

0573　三指禪二卷
子部/醫家類/診法之屬/脉經脉訣
（清）周學霆撰
民國上海大成書局石印本
中醫大

0574　壽櫟盧經脉分圖四卷
子部/醫家類/診法之屬/脉經脉訣
吴之英撰
民國九年（1920）名山吴氏刻本
三臺

0575　叔和脉經真本十卷首一卷
子部/醫家類/診法之屬/脉經脉訣
（晋）王叔和撰　（清）張柏校正　（清）朱錫穀重刊　（清）陳一津參訂
民國成都黄氏茹古書局刻本
川大

0576　太素脉訣三卷
子部/醫家類/診法之屬/脉經脉訣
（明）張太素述　劉伯詳注　周文煒梓
民國十七年（1928）北京天華館影印本
西昌

0577　太素脉訣三卷
子部/醫家類/診法之屬/脉經脉訣
（明）張太素述　（明）劉伯詳注
（明）周文煒梓
民國石印本
中醫大

0578　王氏脉經十卷
子部/醫家類/診法之屬/脉經脉訣
（晋）王叔和撰
民國上海涵芬樓影印本
甘孜　富順　筠連　屏山　崇州

0579　新刊王氏脉經十卷
子部/醫家類/診法之屬/脉經脉訣
（晋）王叔和撰　（宋）林億等類次
民國上海涵芬樓影印本
成都　瀘州　雅安　崇州　自貢鹽博
省委黨校

0580　增補三指禪二卷
子部/醫家類/診法之屬/脉經脉訣
（清）周學霆著　（清）周光寶
（清）周光梓等録　（清）陳富旭校字
民國上海大成書局石印本
省圖

0581　指明脉訣一卷
子部/醫家類/診法之屬/脉經脉訣
（□）□□撰
民國抄本
省圖

0582　校正瀕湖脉學一卷
子部/醫家類/診法之屬/歷代脉學
（明）李時珍撰
民國三年（1914）上海錦章圖書局
影印本
西昌

0583　歷代名醫外診察病發五卷
子部/醫家類/診法之屬/歷代脉學
蔣延錫編纂
民國上海千頃堂書局鉛印本
西昌

0584　脉法易知不分卷
子部/醫家類/診法之屬/歷代脉學
（□）□□撰
民國鉛印本
省圖

0585　脉學發微四卷
子部/醫家類/診法之屬/歷代脉學
惲鐵樵著　徐衡之參校　章巨膺
參校
民國十七年（1928）華豐印刷鑄字
所鉛印本
中醫大

0586　脉學發微四卷
子部/醫家類/診法之屬/歷代脉學
惲鐵樵著　徐衡之參校　章巨膺
參校
民國二十五年（1936）民友印刷公
司鉛印本
中醫大

0587　脉學輯要評三卷
子部/醫家類/診法之屬/歷代脉學
（日本）丹波元簡著　廖平評
民國三年（1914）成都存古書局刻本

省圖 成都 南充 三臺 川大 中醫大 川師大

0588　脉説二卷
子部/醫家類/診法之屬/歷代脉學
（清）葉霖著
民國三十八年（1949）杭州三三醫社鉛印本
省圖 中醫大

0589　脉説二卷附清脉濁脉一卷
子部/醫家類/診法之屬/歷代脉學
（清）葉霖著　裘慶元校
民國杭州三三醫社鉛印本
省圖 中醫大

0590　脉學輯要三卷
子部/醫家類/診法之屬/歷代脉學
（日本）丹波元簡撰 &醫略鈔一卷
（日本）丹波雅忠撰
民國二十四年（1935）上海中醫書局皇漢醫學編譯社鉛印本
中醫大

0591　脉學輯要三卷
子部/醫家類/診法之屬/歷代脉學
（日本）丹波元簡撰
民國上海中醫學院鉛印本
中醫大

0592　脉學輯要評三卷
子部/醫家類/診法之屬/歷代脉學
（日本）丹波元簡著　廖平評
民國十七年（1928）抄本
省圖

0593　脉學發微四卷
子部/醫家類/診法之屬/歷代脉學
惲樹玨著　徐銓校　章壽棟校
民國十九年（1930）鉛印本
省圖 西昌

0594　脉學講義不分卷
子部/醫家類/診法之屬/歷代脉學
惲樹鈺著
民國抄本
省圖

0595　脉學秘傳一卷
子部/醫家類/診法之屬/歷代脉學
何汝夔著 何龍舉編
民國學淵鉛石印社鉛印本
省圖 樂山

0596　脉學奇經八脉考不分卷
子部/醫家類/診法之屬/歷代脉學
（明）李時珍著
民國天德堂刻本
三臺

0597　脉學啓蒙一卷
子部/醫家類/診法之屬/歷代脉學
許宗正著
民國五年（1916）射洪許氏自刻本
省圖 川大 中醫大

0598　脉學啓蒙一卷
子部/醫家類/診法之屬/歷代脉學
許宗正著
民國刻本
省圖

0599　脉學四卷
子部/醫家類/診法之屬/歷代脉學
惲樹鈺著

民國抄本
省圖

0600　脉學正義六卷
子部/醫家類/診法之屬/歷代脉學
張壽頤稿
民國二十年（1931）蘭溪協記書莊鉛印本
川大　中醫大

0601　脉學指南四卷
子部/醫家類/診法之屬/歷代脉學
盧其慎著　蔡家驊参校
民國上海千頃堂書局石印本
中醫大

0602　中西脉學講義二卷
子部/醫家類/診法之屬/歷代脉學
吴錫璜纂
民國十一年（1922）上海文瑞樓書局石印本
西昌

0603　彩圖辨舌指南六卷
子部/醫家類/診法之屬/其他診法
曹炳章撰述　周炳墀参訂
民國六年（1917）紹興育新書局石印本
省圖

0604　彩圖辨舌指南六卷
子部/醫家類/診法之屬/其他診法
曹炳章撰述　周越銘参訂
民國十三年（1924）紹興育新書局石印本
省圖

0605　黃帝太素人迎脉口診補證二卷
子部/醫家類/診法之屬/其他診法
（隋）楊上善撰注　廖平補證
民國三年（1914）成都存古書局刻新訂六譯館叢書本
省圖　南充　井研　川大　中醫大

0606　黃帝太素人迎脉口診補證二卷
子部/醫家類/診法之屬/其他診法
（隋）楊上善撰注　廖平補證
民國十年（1921）四川存古書局刻本
南充

0607　人迎寸口診補正二卷
子部/醫家類/診法之屬/其他診法
（隋）楊上善注　廖平補證
民國三年（1914）成都存古書局刻本
省圖　崇州　三臺　川大　川師大

0608　人迎寸口診補證不分卷
子部/醫家類/診法之屬/其他診法
廖平輯述　&内經人寸比較合表不分卷　廖宗澤編輯
民國刻本
崇州

0609　三十六舌辨論訣一卷
子部/醫家類/診法之屬/其他診法
（□）□□撰
民國抄本
中醫大

0610　舌胎統志一卷
子部/醫家類/診法之屬/其他診法

傅松元著 傅制烈校
民國鉛印本
省圖 樂山

0611 舌胎統志一卷附課藝一卷振興國醫藥芻講一卷析疑一卷校刊記一卷
子部/醫家類/診法之屬/其他診法
傅松元著 傅烈校 &附課藝一卷 郁瑞著 &振興國醫藥芻講一卷 傅然撰 &析疑一卷 傅然釋 &校刊記一卷 傅然識
民國十九年（1930）上海中醫書局鉛印本
省圖

0612 舌診學二卷
子部/醫家類/診法之屬/其他診法
繆宏仁編著
民國二十六年（1937）鉛印本
省圖

針灸之屬

0613 扁鵲神應針灸玉龍經一卷
子部/醫家類/針灸之屬
（元）王國瑞撰
民國二十四年（1935）上海商務印書館影印本
南充 富順 中江 西南交大 川博 省委黨校

0614 嵊縣周氏家傳秘本針灸秘授全書不分卷
子部/醫家類/針灸之屬
周復初撰
民國十九年（1930）寧波印刷公司鉛印本
中醫大

0615 黄帝甲乙經十二卷
子部/醫家類/針灸之屬
（晋）黄甫謐輯
民國江左書林石印本
南充

0616 繪圖痧驚合璧四卷
子部/醫家類/針灸之屬
（清）陳汝銈撰
民國六年（1917）上海天寶書局石印本
省圖

0617 繪圖痧驚合璧四卷
子部/醫家類/針灸之屬
（清）陳汝銈撰
民國十六年（1927）石印本
中醫大

0618 繪圖痧驚合璧四卷
子部/醫家類/針灸之屬

（清）陳汝銈撰
民國十九年（1930）上海千頃堂書局石印本
省圖

0619　繪圖針灸易學三卷
子部/醫家類/針灸之屬
（清）李守先著　（清）李清吉等校
（清）王庭煊等參閲繪圖
一九五五年上海錦章圖書局石印本
省圖　中醫大

0620　繪圖針灸大成十卷
子部/醫家類/針灸之屬
（明）楊繼洲著
民國十四年（1925）上海鴻寶齋書局石印本
安州區　中醫大

0621　針科學講義不分卷灸科學講義不分卷
子部/醫家類/針灸之屬
承澹盦編
民國二十七年（1938）成都鉛印本
省圖

0622　針灸大成十二卷
子部/醫家類/針灸之屬
（明）楊繼洲纂　（清）章廷珪重修
民國元年（1912）善成堂刻本
成都　瀘州　中醫大

0623　針灸大成十二卷
子部/醫家類/針灸之屬
（明）楊繼洲纂　（清）章廷珪重修
民國十四年（1925）上海天寶書局石印本
瀘州

0624　針灸大成十二卷
子部/醫家類/針灸之屬
（明）楊繼洲纂　（清）章廷珪重修
民國十五年（1926）上海中原書局石印本
中醫大

0625　針灸大成十二卷
子部/醫家類/針灸之屬
（明）楊繼洲纂　（清）章廷珪重修
民國上海錦章圖書局石印本
省圖　安州區　中醫大

0626　針灸大成十二卷
子部/醫家類/針灸之屬
（明）楊繼洲纂　（清）章廷珪重修
民國上海鑄記書局石印本
成都

0627　針灸歌括彙編一卷附刊誤表一卷
子部/醫家類/針灸之屬
承澹盦撰
民國鉛印本
省圖

0628　針灸甲乙經十二卷
子部/醫家類/針灸之屬
（晋）皇甫謐輯　（清）曹滄洲校
民國十二年（1923）中原書局石印本
中醫大

0629　針灸甲乙經十二卷
子部/醫家類/針灸之屬

（晉）皇甫謐輯（清）曹滄洲校
民國江左書林石印本
南充

0630　針灸講義不分卷
子部/醫家類/針灸之屬
□□著
一九五四年至一九五七年稿本
省圖

0631　針灸講義一卷
子部/醫家類/針灸之屬
王野楓編訂
民國抄本
省圖

0632　針灸講義一卷
子部/醫家類/針灸之屬
□□著
一九五〇年代抄本
省圖

0633　針灸集成四卷
子部/醫家類/針灸之屬
（清）廖潤鴻輯
民國十九年（1930）北京天華館鉛印本
省圖　中醫大

0634　針灸科學講義五種
子部/醫家類/針灸之屬
承澹盦編
民國中國針灸學研究社鉛印本
省圖

0635　針灸靈法二卷
子部/醫家類/針灸之屬
程興陽著
民國民生印刷社石印本
成都

0636　針灸全圖一卷
子部/醫家類/針灸之屬
□□著
抄本
新都

0637　針灸要旨三卷
子部/醫家類/針灸之屬
（明）高武選述　（日本）岡本一抱子重訂
民國二十年（1931）上海中醫書局影印本
成都

0638　針灸要旨三卷
子部/醫家類/針灸之屬
（明）高武撰述　（日本）岡本一抱子重訂
民國二十一年（1932）上海中醫書局影印本
省圖

0639　針灸問答三卷
子部/醫家類/針灸之屬
（明）汪機編輯　（明）陳桷校正
民國石印本
瀘州

0640　針灸學十四卷附治病通則一卷
子部/醫家類/針灸之屬
□□著

民國油印本
省圖

0641　針灸學講義七卷
子部/醫家類/針灸之屬
承澹盦編
民國鉛印本
省圖

0642　針灸薪傳集四編
子部/醫家類/針灸之屬
顔藥生　夏少泉輯
民國二十六年（1937）中國針灸專門學校鉛印本
成都　西昌

0643　針灸薪傳集不分卷
子部/醫家類/針灸之屬
承澹盦撰　夏少泉等輯
民國二十六年（1937）無錫鉛印本
中醫大

0644　針灸易知一卷
子部/醫家類/針灸之屬
中華書局編輯
民國鉛印本
省圖

0645　針灸易知不分卷
子部/醫家類/針灸之屬
文明書局編
民國二十五年（1936）文明書局鉛印本
中醫大

0646　針灸治療講義一卷續編一卷
子部/醫家類/針灸之屬
承澹盦撰
民國鉛印本
省圖

0647　針灸指南三卷
子部/醫家類/針灸之屬
余純編　孫勉之校
民國上海明善書局鉛印本
省圖

0648　針灸指南初集摘要三卷
子部/醫家類/針灸之屬
余純編　孫勉之校
民國上海明善書局鉛印本
省圖

0649　針灸擇日編集一卷
子部/醫家類/針灸之屬
（明）金循義撰　（明）金義孫撰
民國石印本
省圖

0650　針灸總訣不分卷
子部/醫家類/針灸之屬
（□）□□著
民國抄本
西昌

0651　增補繪圖針灸大成十二卷
子部/醫家類/針灸之屬
（明）楊繼洲纂　（清）章廷珪重修
民國上海錦章圖書局石印本
省圖

0652　中醫理法針藥摘要二卷附人身經穴圖四張
子部/醫家類/針灸之屬

沈士真著
民國三十八年（1949）大理縣天順石印局石印本
省圖

0653　中醫理法針藥全書摘要二卷
子部/醫家類/針灸之屬
沈士真著　張柱繕正　楊質夫校閱
民國三十八年（1949）大理天順石印局石印本
省圖

0654　中國針藥治療大全四卷附編輯綱要一卷正誤表一卷
子部/醫家類/針灸之屬
沈士真編
民國二十八年（1939）保山昌明石印局石印本
省圖　成都

0655　中國針灸醫學五卷
子部/醫家類/針灸之屬
堯天民著
民國二十七年（1938）中國針灸醫學社鉛印本
中醫大

0656　中國針灸科學不分卷
子部/醫家類/針灸之屬
周伯勤著
民國三十五年（1946）上海中醫書局鉛印本
中醫大

0657　中國簡明針灸治療學二卷
子部/醫家類/針灸之屬
温主卿著　熊自明修正　陸錫光參訂
民國二十年（1931）上海萬有書局石印本
省圖　中醫大

0658　最新實習西法針灸三卷
子部/醫家類/針灸之屬
顧鳴盛譯
民國六年（1917）上海文明書局鉛印本
中醫大

0659　部位經脉要略三卷附經穴總歌二卷
子部/醫家類/針灸之屬/經絡腧穴
（□）□□撰
民國石印本
中醫大

0660　補注銅人腧穴針灸圖經五卷
子部/醫家類/針灸之屬/經絡腧穴
（宋）王惟一撰
民國十三年（1924）據清宣統元年（1909）貴池劉氏玉海堂影刻元刊本影印本
安州區　中醫大

0661　經穴學講義三卷
子部/醫家類/針灸之屬/經絡腧穴
承澹盦編
民國鉛印本
省圖

0662　經穴學三卷
子部/醫家類/針灸之屬/經絡腧穴

（□）□□撰
民國抄本
成都

0663　經穴學不分卷
子部/醫家類/針灸之屬/經絡腧穴
承澹盦編述
民國鉛印本
省圖　中醫大

0664　經穴考正一卷
子部/醫家類/針灸之屬/經絡腧穴
何仲皋撰　何龍舉編
民國成都學淵印刷社鉛印本
省圖

0665　經脉穴俞新考正二卷
子部/醫家類/針灸之屬/經絡腧穴
（清）張壽頤撰
民國影印本
西昌

0666　經絡要穴歌訣百症賦箋注合編
子部/醫家類/針灸之屬/經絡腧穴
承澹盦編撰
民國二十二年（1933）無錫錫成公司鉛印本
成都

0667　腧穴折衷二卷
子部/醫家類/針灸之屬/經絡腧穴
（日本）安京元越撰
民國二十六年（1937）中國醫藥書局影印本
川大　中醫大

0668　圖繪針灸醫學二卷附七十二翻全圖
子部/醫家類/針灸之屬/經絡腧穴
（清）李守先著
民國萃英書莊石印本
中醫大

0669　銅人圖考正穴法一卷
子部/醫家類/針灸之屬/經絡腧穴
（□）□□撰
民國抄本
省圖

0670　針灸則七十穴一卷
子部/醫家類/針灸之屬/經絡腧穴
周圭氏著
民國二十五年（1936）東方針灸書局鉛印本
中醫大

0671　百法針術不分卷
子部/醫家類/針灸之屬/針法及灸法
（日本）杉山和一撰　繆召予編譯
張俊義校
民國二十一年（1932）東方針灸學社鉛印本
中醫大

0672　編輯刺灸心法要訣八卷
子部/醫家類/針灸之屬/針法灸法
（清）吴謙輯
民國上海商務印書館鉛印本
郫都

0673　灸法纂要一卷
子部/醫家類/針灸之屬/針法灸法

悔遲居士撰
民國抄本
省圖

0674 太乙神針一卷
子部/醫家類/針灸之屬/針法灸法
（清）范毓裿傳 （清）周雍和編
民國二十一年（1932）上海萬有書局石印本
省圖

0675 太乙神針方一卷
子部/醫家類/針灸之屬/針法灸法
（清）周雍和撰
民國石印本
三臺

0676 温灸學綱要四卷
子部/醫家類/針灸之屬/針法灸法
余信芳著
一九五〇年油印本
省圖

0677 針科學講義一卷
子部/醫家類/針灸之屬/針法灸法
承澹盦編
民國中國針灸學研究社鉛印本
省圖

0678 針灸簡易不分卷
子部/醫家類/針灸之屬/針法及灸法
温主卿撰
民國十九年（1930）鉛印本
省圖

推拿按摩外治之屬

0679 分類推拿小兒秘訣一卷
子部/醫家類/推拿按摩外治之屬
（□）□□撰
民國抄本
省圖

0680 推拿廣意三卷
子部/醫家類/推拿按摩外治之屬
（清）熊應雄輯 （清）陳世凱重訂
（清）王元潞參閲 （清）趙鳳校
陳世凱重訂
民國七年（1918）上海錦章圖書局石印本
省圖 中醫大

0681 推拿廣意三卷
子部/醫家類/推拿按摩外治之屬
（清）熊應雄輯 （清）陳世凱重訂
（清）王元潞參閲 （清）趙鳳校
陳世凱重訂
民國上海鑄記書局石印本
中醫大

0682　推拿廣意三卷
子部/醫家類/推拿按摩外治之屬
（清）熊應雄輯　（清）陳世凱重訂
（清）王元潞參閱　（清）趙鳳校
陳世凱重訂
民國石印本
省圖

0683　推拿抉微四卷
子部/醫家類/推拿按摩外治之屬
涂蔚生著
民國十九年（1930）上海千頃堂書局石印本
中醫大

0684　推拿易知一卷
子部/醫家類/推拿按摩外治之屬
中華書局編
民國八年（1919）上海中華書局鉛印本
省圖

0685　推拿易知一卷
子部/醫家類/推拿按摩外治之屬
文明書局編
民國二十五（1936）年上海文明書局鉛印本
中醫大

本草之屬

0686　白鹿備用草一卷
子部/醫家類/本草之屬
白鹿先生述
民國鉛印本
省圖

0687　本草便讀四卷
子部/醫家類/本草之屬
（清）張秉成集選　（清）唐君培等同校
民國上海千傾堂書局石印本
川大　中醫大

0688　本草便讀四卷
子部/醫家類/本草之屬
（清）張秉成集選　（清）唐君培等同校
民國鉛印本
中醫大

0689　本草崇原集説三卷
子部/醫家類/本草之屬
（清）高世栻纂集　（清）張志聰注釋　（清）仲學輅集説
民國十六年（1927）上海錦文堂石印本
西昌

0690　本草崇原集説三卷
子部/醫家類/本草之屬

（清）高世栻纂集 （清）張志聰注釋 （清）仲學輅集説
民國鉛印本
巴州區

0691 本草崇原集説三卷目録一卷
子部/醫家類/本草之屬
（清）高世栻纂集 （清）張志聰注釋 （清）仲學輅集説
抄本
中醫大

0692 本草從新十八卷
子部/醫家類/本草之屬
（清）吴儀洛撰 （清）戎文彬補圖
民國元年（1912）鑄記書局石印本
遂寧

0693 本草從新十八卷
子部/醫家類/本草之屬
（清）吴儀洛撰 （清）戎文彬補圖
民國十五年（1926）上海金陵書局石印本
成都

0694 本草從新十八卷
子部/醫家類/本草之屬
（清）吴儀洛撰 （清）戎文彬補圖
民國十九年（1930）上海錦章圖書局石印本
省圖 川大 中醫大

0695 本草從新十八卷
子部/醫家類/本草之屬
（清）吴儀洛撰 （清）戎文彬補圖
民國上海理文軒書莊石印本
成都

0696 本草分經不分卷
子部/醫家類/本草之屬
（清）姚瀾輯
民國十年（1921）成都昌福公司鉛印本
省圖 成都 瀘州 温江 川大 中醫大

0697 本草分經一卷内景圖一卷總類便覽一卷
子部/醫家類/本草之屬
（清）姚瀾輯
民國成都昌福公司鉛印本
省圖

0698 本草分類一卷
子部/醫家類/本草之屬
（□）□□著
民國抄本
省圖

0699 本草品彙精要校勘記一卷
子部/醫家類/本草之屬
謝利恒撰
民國二十六年（1937）鉛印本
西昌

0700 本草求真十一卷附圖一卷
子部/醫家類/本草之屬
（清）黄宮繡纂 （清）黄宮澈校訂 （清）黄學昌校字
民國上海錦章圖書局石印本
中醫大

0701 本草求真十一卷圖一卷脉理求真一卷
子部/醫家類/本草之屬

（清）黄宫繡纂 （清）黄宫黻校訂
（清）黄學昌校字
民國上海江東書局石印本
省圖

0702 本草三家合注六卷
子部/醫家類/本草之屬
（清）郭汝驄集注 （清）袁浩閲定
（清）李佐堯校勘
民國上海鴻寶齋書局石印本
西昌

0703 本草三家合注六卷
子部/醫家類/本草之屬
（清）郭汝驄集注 （清）袁浩閲定
（清）李佐堯校勘
民國九年（1920）上海錦章圖書局石印本
南溪區 中醫大 川博 自貢鹽博

0704 本草三家合注六卷附本草經百種録一卷
子部/醫家類/本草之屬
（清）郭汝驄集注 （清）袁浩閲定
（清）李佐堯校勘&本草經百種録一卷 （清）徐大椿著 （清）徐爔校
民國十四年（1925）上海大成書局石印本
省圖

0705 本草三家合注六卷附本草經百種録一卷
子部/醫家類/本草之屬
（清）郭汝驄集注 （清）袁浩閲定
（清）李佐堯校勘&本草經百種録一卷 （清）徐大椿著 （清）徐爔校
民國上海文瑞樓石印本
成都 德陽

0706 本草三家合注六卷附本草經百種録一卷
子部/醫家類/本草之屬
（清）郭汝驄集注 （清）袁浩閲定
（清）李佐堯校勘&本草經百種録一卷 （清）徐大椿著 （清）徐爔校
民國上海錦章圖書局石印本
省圖 川博

0707 本草三家合注六卷附本草經百種録一卷
子部/醫家類/本草之屬
（清）郭汝驄集注 （清）袁浩閲定
（清）李佐堯校勘&本草經百種録一卷 （清）徐大椿著 （清）徐爔校
民國上海陶明記書局石印本
省圖

0708 本草詩箋十卷
子部/醫家類/本草之屬
（清）朱錀著 秦伯未校
民國上海千傾堂書局石印本
川大 中醫大

0709 本草述鈎元三十二卷
子部/醫家類/本草之屬
（清）楊時泰輯
民國十年（1921）上海進化書局石印本
雅安

0710 本草述三十二卷首一卷
子部/醫家類/本草之屬

（清）劉若金著 （清）薛佺校
民國二十一年（1932）上海萬有書局石印本
中醫大

0711　本草圖譜九十三卷附本草圖譜索引二卷
子部/醫家類/本草之屬
（日本）岩崎常正著
日本大正十一年（1922）本草圖譜刊行會鉛印本
川大

0712　本草衍義二十卷
子部/醫家類/本草之屬
（宋）寇宗奭編撰 （清）陸心源校
民國十九年（1930）上海中醫書局影印本
中醫大

0713　本草韻言一卷
子部/醫家類/本草之屬
陳完孟著
民國十三年（1924）新津刻本
省圖

0714　本草再新十二卷
子部/醫家類/本草之屬
（清）葉桂撰 （清）陳念祖評
民國二十年（1931）上海群學書社石印本
中醫大

0715　本草再新十二卷
子部/醫家類/本草之屬
（清）葉桂著 （清）陳念祖評
民國八年（1919）上海群學書社石印本
省圖

0716　本經逢原四卷
子部/醫家類/本草之屬
（清）張璐纂述
民國石印本
省圖 瀘州

0717　本經逢原四卷
子部/醫家類/本草之屬
（清）張璐撰
一九五七年影印本
西華師大

0718　本經集義六卷
子部/醫家類/本草之屬
吴保神著 陸順元校
民國二十三年（1934）上海千頃堂書局石印本
中醫大

0719　本經疏證十二卷
子部/醫家類/本草之屬
（清）鄒澍撰
民國刻本
成都

0720　本經疏證十二卷
子部/醫家類/本草之屬
（清）鄒澍撰
民國常州長年醫局刻本
西昌

0721　草本别名一卷
子部/醫家類/本草之屬

（□）□□撰
民國抄本
成都

0722　草木便方四卷
子部/醫家類/本草之屬
（清）劉興著　（清）劉士季編輯
民國三年（1914）成都裴氏刻本
省圖

0723　草木便方一元集二卷
子部/醫家類/本草之屬
（清）劉興著　（清）劉士季編輯
民國三年（1914）成都裴氏校刻本
省圖　成都　高縣　中醫大

0724　重修植物名實圖考三十五卷
子部/醫家類/本草之屬
（清）吴其濬撰
民國四年（1915）雲南圖書館鉛印本
中醫大

0725　廣東光漢中醫學校草物學講義二十八卷
子部/醫家類/本草之屬
盧雄編
民國廣州鉛印本
中醫大

0726　化學實驗新本草一卷
子部/醫家類/本草之屬
丁福保編纂
民國啓渝公司鉛印本
省圖

0727　良醫必讀本草經解四卷
子部/醫家類/本草之屬
（清）葉天士集注
民國十五年（1926）上海廣益書局石印本
西昌

0728　羚羊角辨一卷
子部/醫家類/本草之屬
張錫純撰
民國上海國醫書局鉛印本
省圖　樂山

0729　天寶本草二卷
子部/醫家類/本草之屬
（清）龔錫麟編
民國刻本
成都

0730　童氏醫方集解本草圖説二卷增訂童氏本草備要八卷
子部/醫家類/本草之屬
（清）汪昂撰輯
民國上海章福記書局石印本
達州

0731　新本草一卷附增補新本草一卷
子部/醫家類/本草之屬
陳遜齋著&增補新本草一卷
（□）□□撰
民國南京市國醫内科講習所石印本
省圖

0732　新修本草二十卷
子部/醫家類/本草之屬
（唐）蘇敬等編
民國影印本
川大

0733　藥要便蒙二卷
子部/醫家類/本草之屬
（清）談鴻鋆撰
民國抄本
省圖

0734　藥要便蒙二卷
子部/醫家類/本草之屬
（清）談鴻鋆撰
民國鉛印本
中醫大

0735　藏府藥式正義三卷
子部/醫家類/本草之屬
（金）張元素著
民國杭州中醫專校影印本
西昌

0736　張氏藏府藥式補正三卷
子部/醫家類/本草之屬
（金）張元素撰　（清）趙術堂注
張壽頤補正
民國十年（1921）嘉定張氏體仁堂鉛印本
省圖　川大

0737　增補新本草一卷
子部/醫家類/本草之屬
陳遜齋著
民國影印本
省圖

0738　增批本草湯頭醫方集解二十三卷
子部/醫家類/本草之屬
（明）汪昂著輯
民國上海錦章圖書局影印本
西昌

0739　增圖本草備要八卷附湯頭歌訣不分卷
子部/醫家類/本草之屬
（清）汪昂撰
民國上海廣益書局石印本
南充

0740　中國實用藥物學二卷
子部/醫家類/本草之屬
趙賢齊編述
民國二十年（1931）上海文華書局影印本
省圖

0741　中國實用藥物學二卷
子部/醫家類/本草之屬
趙賢齊編述
民國二十一年（1932）上海文華書局影印本
省圖　三臺

0742　中國實用藥物學二卷附藥物表
子部/醫家類/本草之屬
趙賢齊編述
民國二十二年（1933）上海廣益書局石印本
中醫大

0743　中國實用藥物學二卷首一卷
子部/醫家類/本草之屬
趙賢齊編述
民國二十六年（1937）中國醫藥研

究會石印本
省圖

0744　中國藥物形態學不分卷
子部/醫家類/本草之屬
沈祥瑞撰
民國鉛印本
成都

0745　中藥尋源二卷
子部/醫家類/本草之屬
（□）□□撰
民國鉛印本
巴州區

0746　尊經本草歌括二卷
子部/醫家類/本草之屬
許宗正著
民國二年（1913）刻本
省圖　川大

0747　佐治藥言一卷
子部/醫家類/本草之屬
（清）汪輝祖纂
民國刻本
達州

0748　神農本草經百種録一卷
子部/醫家類/本草之屬/神農本草經
（清）徐大椿撰　（清）徐爔校
民國上海錦章圖書局石印本
德陽　達州　郫都　安州區　川博

0749　神農本草經讀歌注一卷
子部/醫家類/本草之屬/神農本草經
（□）□□撰
民國陳遇安抄本
成都

0750　神農本草經讀四卷
子部/醫家類/本草之屬/神農本草經
（清）陳念祖著　（清）陳元豹校
（清）陳元犀校
民國上海錦章圖書局石印本
瀘州　達州

0751　神農本草經合注附徐靈胎百種録四卷
子部/醫家類/本草之屬/神農本草經
（清）張志聰等注
民國上海廣益書局石印本
富順

0752　神農本草三卷附本説一卷逸文一卷
子部/醫家類/本草之屬/神農本草經
劉復輯
民國三十一年（1942）中國古醫學會鉛印本
省圖

0753　神農本草經三卷
子部/醫家類/本草之屬/神農本草經
（清）孫星衍等輯
民國二十五年（1936）上海中華書局聚珍仿宋版鉛印本
攀枝花　南充　榮縣　敘永　青羊　西南交大

0754　本草備要八卷
子部/醫家類/本草之屬/歷代綜合本草
（清）汪昂撰
民國石印本
成都　中醫大

0755　本草備要八卷湯頭歌訣一卷
子部/醫家類/本草之屬/歷代綜合本草
（清）汪昂撰
民國三年（1914）上海共和書局石印本
温江　中醫大

0756　本草備要八卷圖一卷
子部/醫家類/本草之屬/歷代綜合本草
（清）汪昂撰　謝觀等評校
民國十七年（1928）商務印書館鉛印本
川大

0757　本草備要八卷圖一卷
子部/醫家類/本草之屬/歷代綜合本草
（清）汪昂撰　謝觀等評校
民國鉛印本
省圖　温江　安州區

0758　本草備要圖説一卷
子部/醫家類/本草之屬/歷代綜合本草
（清）汪昂撰　謝觀等評校
民國石印本
川大

0759　本草綱目拾遺十卷
子部/醫家類/本草之屬/歷代綜合本草
（清）趙學敏輯
民國二年（1913）上海商務印書館石印本
瀘州

0760　本草綱目拾遺十卷
子部/醫家類/本草之屬/歷代綜合本草
（清）趙學敏輯
民國三年（1914）上海鴻寶齋書局石印本
川師大

0761　本草綱目拾遺十卷
子部/醫家類/本草之屬/歷代綜合本草
（清）趙學敏輯
民國五年（1916）上海錦章圖書局石印本
中醫大

0762　本草綱目拾遺十卷
子部/醫家類/本草之屬/歷代綜合本草
（清）趙學敏輯
民國上海錦章圖書局石印本
省圖　瀘州　中醫大

0763　本草綱目拾遺十卷正誤一卷
子部/醫家類/本草之屬/歷代綜合本草
（清）趙學敏輯
民國五年（1916）上海鴻寶齋書局石印本
川大

0764　本草綱目五十二卷
子部/醫家類/本草之屬/歷代綜合本草
（明）李時珍著
民國鉛印本
青羊　川大　中醫大　内江師範

0765　本草綱目五十二卷附目録一卷圖一卷瀕湖脉訣一卷奇經八脉考一卷本草萬方針綫八卷拾遺十卷

子部/醫家類/本草之屬/歷代綜合本草

（明）李時珍編輯&本草萬方針綫八卷　（明）蔡烈先輯&本草綱目拾遺十卷　（清）趙學敏輯

民國五年（1916）上海進步書局石印本

川大

0766　本草綱目五十二卷附圖二卷

子部/醫家類/本草之屬/歷代綜合本草

（明）李時珍著

民國刻本

達州

0767　本草綱目五十二卷附圖三卷結髦居别集四卷

子部/醫家類/本草之屬/歷代綜合本草

（明）李時珍著　（日本）稻若水訂補

日本刻本

省圖

0768　本草綱目五十二卷附圖三卷拾遺十卷萬方針綫八卷

子部/醫家類/本草之屬/歷代綜合本草

（明）李時珍編輯　（清）吴玉昌校訂&本草綱目拾遺十卷正誤一卷　（清）趙學敏輯&本草萬方針綫八卷　（清）蔡烈先輯

民國十二年（1923）上海商務印書館鉛印本

中醫大

0769　本草綱目五十二卷附圖三卷藥品總目一卷奇經八脉考二卷拾遺十卷正誤一卷萬方針綫八卷

子部/醫家類/本草之屬/歷代綜合本草

（明）李時珍著　（清）張紹棠校&藥品總目一卷　（清）蔡烈先輯&奇經八脉考二卷　（明）李時珍著　（清）張士瑜等校&拾遺十卷正誤一卷　（清）趙學敏輯&萬方針綫八卷　（清）蔡烈先輯

民國五年（1916）上海錦章圖書局石印本

省圖　成都　瀘州　德陽　温江　郫都　中醫大

0770　本草綱目五十二卷附圖一卷拾遺十卷本草萬方針綫八卷

子部/醫家類/本草之屬/歷代綜合本草

（明）李時珍著&本草綱目拾遺十卷　（清）趙學敏輯&本草萬方針綫八卷　（清）蔡烈先輯

民國五年（1916）上海鴻寶齋書局石印本

中醫大

0771　本草綱目五十二卷附圖一卷拾遺十卷本草萬方針綫八卷奇經八脉考一卷瀕湖脉學一卷

子部/醫家類/本草之屬/歷代綜合本草
（明）李時珍編輯　（清）張紹棠校刊&圖三卷　（清）張士瑜　（清）張士珩審定&本草綱目拾遺十卷正誤一卷　（清）趙學敏輯&本草萬方針綫八卷　（清）蔡烈先輯
民國十八年（1929）上海商務印書館石印本
省圖

0772　本草綱目五十二卷圖二卷
子部/醫家類/本草之屬/歷代綜合本草
（明）李時珍著
民國上海廣益書局石印本
安州區

0773　本草綱目五十二卷圖一卷附瀕湖脉學一卷奇經八脉考一卷脉訣考證一卷
子部/醫家類/本草之屬/歷代綜合本草
（明）李時珍編輯　（清）吴玉昌校訂 &本草綱目拾遺十卷正誤一卷　（清）趙學敏輯&本草萬方針綫八卷　（清）蔡烈先輯
民國元年（1912）上海鴻寶齋書局石印本
郫都　川師大

0774　本草綱目五十二卷圖一卷附瀕湖脉學一卷奇經八脉考一卷脉訣考證一卷
子部/醫家類/本草之屬/歷代綜合本草
（明）李時珍編輯　（清）吴玉昌校訂 &本草綱目拾遺十卷正誤一卷　（清）趙學敏輯 &本草萬方針綫八卷　（清）蔡烈先輯
民國五年（1916）上海鴻寶齋書局石印本
省圖　郫都　川大

0775　本草綱目序例二卷附拾遺十卷正誤一卷
子部/醫家類/本草之屬/歷代綜合本草
（明）李時珍編輯&拾遺十卷正誤一卷　（清）趙學敏輯
民國上海錦章圖書局石印本
温江

0776　本草綱目序例二卷附圖
子部/醫家類/本草之屬/歷代綜合本草
（明）李時珍編輯　（清）張紹棠校
民國二年（1913）上海商務印書館石印本
瀘州

0777　本草綱目序例五十二卷本草綱目拾遺十卷本草萬方針綫六卷
子部/醫家類/本草之屬/歷代綜合本草
（明）李時珍著&本草綱目拾遺十卷　（清）趙學敏輯&本草萬方針綫六卷　（清）蔡烈先輯
民國十二年（1923）上海商務印書館石印本
中醫大

0778　重修政和經史證類備用本草三十卷
子部/醫家類/本草之屬/歷代綜合本草
（宋）唐慎微撰　（宋）曹孝忠校勘
民國上海涵芬樓影印本
省圖　成都　瀘州　雅安　甘孜　郫都　崇州　大邑　富順　中江　井研　高縣　廣安區　内江師範　自貢鹽博　省委黨校

0779　重修政和經史證類備用本草三十卷
子部/醫家類/本草之屬/歷代綜合本草
（宋）唐慎微撰　（宋）曹孝忠校勘
民國十一年（1922）上海商務印書館影印本
屏山

0780　重修政和經史證類備用本草三十卷
子部/醫家類/本草之屬/歷代綜合本草
（宋）唐慎微撰　（宋）曹孝忠校勘
民國十八年（1929）上海商務印書館影印本
西南交大

0781　重修政和經史證類備用本草三十卷
子部/醫家類/本草之屬/歷代綜合本草
（宋）唐慎微撰　（宋）曹孝忠校勘
一九五七年人民衛生出版社影印本
省圖　安州區

0782　滇南本草圖譜第一集不分卷
子部/醫家類/本草之屬/歷代綜合本草
經利彬　匡可任等編
民國三十四年（1945）石印本
省圖　川大

0783　校正本草綱目五十二卷
子部/醫家類/本草之屬/歷代綜合本草
（明）李時珍撰　（清）吴毓昌校訂
民國元年（1912）上海章福記書局石印本
成都

0784　增補本草備要八卷
子部/醫家類/本草之屬/歷代綜合本草
（清）汪昂著輯
民國元年（1912）上海同文書局石印本
安州區

0785　增補本草備要八卷
子部/醫家類/本草之屬/歷代綜合本草
（清）汪昂著輯
民國三年（1914）上海共和書局石印本
西充　中醫大

0786　增補本草備要八卷
子部/醫家類/本草之屬/歷代綜合本草

（清）汪昂著輯
民國上海錦章圖書局石印本
省圖

0787　增補本草備要八卷
子部/醫家類/本草之屬/歷代綜合本草
（清）汪昂著輯
民國石印本
省圖　安州區　中醫大

0788　增訂童氏本草備要八卷
子部/醫家類/本草之屬/歷代綜合本草
（清）汪昂輯　（清）李保常增輯
民國石印本
成都

0789　增廣本草綱目五十二卷
子部/醫家類/本草之屬/歷代綜合本草
（明）李時珍編輯　（清）張紹棠重校
民國二年（1913）上海商務印書館石印本
成都

0790　增廣本草綱目五十二卷圖三卷附本草萬方針綫八卷藥品總目一卷本草綱目拾遺十卷
子部/醫家類/本草之屬/歷代綜合本草
（明）李時珍編　（清）張紹棠重校&本草萬方針綫八卷藥品總目一卷　（清）蔡烈先輯&本草綱目拾遺十卷　（清）趙學敏輯
民國元年（1912）上海鴻寶齋書局石印本
川師大

0791　增廣本草綱目五十二卷圖三卷附本草萬方針綫八卷藥品總目一卷本草綱目拾遺十卷
子部/醫家類/本草之屬/歷代綜合本草
（明）李時珍編　（清）張紹棠重校&本草萬方針綫八卷藥品總目一卷　（清）蔡烈先輯&本草綱目拾遺十卷　（清）趙學敏輯
民國十五年（1926）上海商務印書館石印本
榮縣

0792　增廣本草綱目五十二卷圖三卷附本草萬方針綫八卷藥品總目一卷本草綱目拾遺十卷
子部/醫家類/本草之屬/歷代綜合本草
（明）李時珍編　（清）張紹棠重校&本草萬方針綫八卷藥品總目一卷　（清）蔡烈先輯&本草綱目拾遺十卷　（清）趙學敏輯
民國上海錦章圖書局石印本
省圖

0793　足本大字本草備要二卷
子部/醫家類/本草之屬/歷代綜合本草
（清）汪昂撰
民國天津直隸書局鉛印本
中醫大

0794　本草藥性質味撮要一卷
子部/醫家類/本草之屬/本草藥性
（□）□□撰
抄本
新都

0795　本草原始合雷公炮製十二卷
子部/醫家類/本草之屬/本草藥性
（明）李中立纂輯
民國刻本
南溪區

0796　本草原始合雷公炮製四卷
子部/醫家類/本草之屬/本草藥性
（明）李中立纂輯
民國石印本
中醫大

0797　草藥性一卷
子部/醫家類/本草之屬/本草藥性
（□）□□撰
一九五五年宜賓市福記大文堂刻本
省圖

0798　草藥性一卷附天寶草本一卷
子部/醫家類/本草之屬/本草藥性
（□）□□撰
民國二十八年（1939）成都博文堂刻本
中醫大

0799　長沙藥解四卷
子部/醫家類/本草之屬/本草藥性
（清）黃元御著　（清）徐樹銘校刊
民國刻本
達州

0800　長沙藥解四卷
子部/醫家類/本草之屬/本草藥性
（清）黃元御著　（清）徐樹銘校刊
民國石印本
瀘州

0801　分類草藥性二卷
子部/醫家類/本草之屬/本草藥性
（□）□□撰
民國刻本
成都

0802　分類草藥性不分卷
子部/醫家類/本草之屬/本草藥性
（□）□□撰
抄本
中醫大

0803　濟農醫宗藥物箋不分卷
子部/醫家類/本草之屬/本草藥性
（□）□□撰
抄本
綿陽

0804　雷公炮炙論三卷附一卷
子部/醫家類/本草之屬/本草藥性
（南朝宋）雷斆著　張驥輯
民國二十一年（1932）成都雙流張氏義生堂刻本
省圖　綿竹　川大　中醫大

0805　雷公炮炙灸論一卷
子部/醫家類/本草之屬/本草藥性
（南朝宋）雷斆著　張驥輯
民國成都義生堂刻本
省圖　中醫大

0806　雷公炮製藥性解六卷
子部/醫家類/本草之屬/本草藥性
（清）李中梓編
民國上海廣益書局石印本
德陽　達州

0807 雷公藥性賦四卷
子部/醫家類/本草之屬/本草藥性
（金）李杲編輯 （清）王子接重訂
民國上海商務印書館鉛印本
省圖 高縣

0808 四川藥材概論不分卷
子部/醫家類/本草之屬/本草藥性
譚炳杰編著
稿本
川大

0809 新刻校正李東垣先生珍珠囊二卷
子部/醫家類/本草之屬/本草藥性
（金）李杲編輯
民國四年（1915）刻本
川大

0810 新刻校正李東垣先生珍珠囊二卷
子部/醫家類/本草之屬/本草藥性
（金）李杲編輯
民國刻本
省圖

0811 藥論方一卷
子部/醫家類/本草之屬/本草藥性
（□）□□撰
抄本
中醫大

0812 藥品化義十三卷首一卷末一卷
子部/醫家類/本草之屬/本草藥性
（清）賈所學輯注 李延是補訂
民國九年（1920）鉛印本
川大

0813 藥物學講義二編
子部/醫家類/本草之屬/本草藥性
秦伯未著 辛瑞鋒等參訂
民國秦氏同學會鉛印本
省圖

0814 藥物學講義一卷
子部/醫家類/本草之屬/本草藥性
潘國賢編
民國四川國醫學院鉛印本
中醫大

0815 藥物學講義一卷
子部/醫家類/本草之屬/本草藥性
秦伯未著 辛瑞鋒等參訂
民國秦氏同學會鉛印本
省圖

0816 藥物學一卷
子部/醫家類/本草之屬/本草藥性
吴光烈纂
民國十八年（1929）稿本
成都

0817 藥物學一卷
子部/醫家類/本草之屬/本草藥性
顧燮卿編輯
民國有記文華印字館油印本
成都

0818 藥性二卷時方歌括二卷
子部/醫家類/本草之屬/本草藥性
（□）□□撰
抄本
中醫大

0819　藥性概要一卷
子部/醫家類/本草之屬/本草藥性
李太占著
民國抄本
省圖

0820　藥性輯要二卷
子部/醫家類/本草之屬/本草藥性
（□）□□著
民國鉛印本
中醫大

0821　藥性簡要三百首一卷
子部/醫家類/本草之屬/本草藥性
（清）廖雲溪撰
民國二年（1913）刻本
省圖　温江

0822　藥性新參一卷本草補正一卷
子部/醫家類/本草之屬/本草藥性
熊勿盦輯
民國抄本
省圖

0823　藥性易知一卷
子部/醫家類/本草之屬/本草藥性
中華書局編輯
民國十五年（1926）上海中華書局鉛印本
省圖　新都

0824　藥性易知一卷
子部/醫家類/本草之屬/本草藥性
（□）□□撰
民國鉛印本
省圖

0825　藥性制用一卷
子部/醫家類/本草之屬/本草藥性
（□）□□撰
抄本
中醫大

0826　藥言四卷藥言剩稿四卷
子部/醫家類/本草之屬/本草藥性
（清）李惺纂
民國七年（1918）成都志古堂刻本
省圖

0827　藥證忌宜一卷
子部/醫家類/本草之屬/本草藥性
（清）陳澈編輯
抄本
中醫大

0828　藥治通義輯要二卷
子部/醫家類/本草之屬/本草藥性
（日本）丹波元堅撰
民國二年（1913）四川成都存古書局刻本
省圖　南溪區　川大　中醫大　川師大

0829　藥治通義十二卷
子部/醫家類/本草之屬/本草藥性
（日本）丹波元堅撰
民國二十四年（1935）上海中醫書局鉛印本
中醫大

0830　頤齡堂藥目不分卷
子部/醫家類/本草之屬/本草藥性
頤齡堂編
民國八年（1919）頤齡堂刻本
省圖

0831　增補雷公炮製藥性賦解六卷附四百味藥性歌括一卷
子部/醫家類/本草之屬/本草藥性
（清）李中梓撰
民國石印本
瀘州

0832　增補雷公炮製藥性賦解六卷
子部/醫家類/本草之屬/本草藥性
（清）李中梓撰
民國上海會文堂書局石印本
西昌

0833　增補珍珠囊指掌藥性賦四卷
子部/醫家類/本草之屬/本草藥性
（金）李杲著
民國上海錦章圖書局鉛印本
南溪區

0834　珍珠囊指掌補遺藥性賦四卷
子部/醫家類/本草之屬/本草藥性
（金）李杲編輯
民國八年（1919）上海錦章圖書局石印本
郫都

0835　珍珠囊指掌補遺藥性賦四卷
子部/醫家類/本草之屬/本草藥性
（金）李杲編輯
民國上海廣益書局石印本
德陽　涼山州博

0836　珍珠囊指掌補遺藥性賦四卷附雷公炮製藥性解六卷
子部/醫家類/本草之屬/本草藥性
（金）李杲編輯　（清）王子接重訂&雷公炮製藥性解六卷　（清）李中梓編輯　王子接重訂
民國上海廣雅啓新書局石印本
省圖

0837　珍珠囊指掌補遺藥性賦四卷附雷公炮製藥性解六卷
子部/醫家類/本草之屬/本草藥性
（金）李杲編輯　（清）王子接重訂&雷公炮製藥性解六卷　（清）李中梓編輯　王子接重訂
民國上海章福記書局石印本
富順

0838　繪圖食物本草一卷
子部/醫家類/本草之屬/食療本草
（清）朱斗南編
民國上海錦章圖書局影印本
省圖

0839　救荒本草二卷
子部/醫家類/本草之屬/食療本草
（明）朱橚撰
一九五九年中華書局影印明嘉靖四年刻本
省圖

0840　食品集二卷
子部/醫家類/本草之屬/食療本草
（明）吴禄輯
民國中國書店影印本
省圖

0841　隨息居飲食譜一卷
子部/醫家類/本草之屬/食療本草

（清）王士雄纂
民國二十年（1931）鉛印本
省圖　西昌

0842　隨息居飲食譜一卷
子部/醫家類/本草之屬/食療本草
（清）王士雄纂
民國二十四年（1935）上海千頃堂書局石印本
川大　中醫大

0843　隨園食單一卷
子部/醫家類/本草之屬/食療本草
（清）袁枚編
民國二年（1913）上海中華圖書館鉛印本
省圖　達州

0844　飲食大全一卷
子部/醫家類/本草之屬/食療本草
（□）□□撰
民國上海錦章圖書局石印本
省圖

0845　飲饌服食譜一卷
子部/醫家類/本草之屬/食療本草
（□）□□撰
民國十八年（1929）上海千頃堂書局石印本
川大

0846　本草古今論不分卷
子部/醫家類/本草之屬/本草雜著
張雲鵠撰
民國上海錦章圖書局石印本
遂寧

0847　本草簡明圖説一卷
子部/醫家類/本草之屬/本草雜著
（清）高承炳編
民國石印本
成都

0848　本草經讀一卷
子部/醫家類/本草之屬/本草雜著
（清）陳念祖撰　陳紹勛釋
民國抄本
成都

0849　本草經解四卷
子部/醫家類/本草之屬/本草雜著
（清）葉桂注
民國十五年（1926）廣益書局石印本
中醫大

0850　本草經三卷
子部/醫家類/本草之屬/本草雜著
（三國魏）吴普述　（清）孫星衍輯　（清）孫馮翼輯
民國中華書局鉛印本
川博

0851　國藥詮證四卷
子部/醫家類/本草之屬/本草雜著
王劍賓著
民國二十八年（1939）鉛印本
省圖　中醫大

0852　國藥詮證四卷
子部/醫家類/本草之屬/本草雜著
王劍賓著
民國上海萬葉書局鉛印本
省圖

0853　國藥商鈔一卷
子部/醫家類/本草之屬/本草雜著
陳鼎之　廖滌新編輯　李永錫
鄺右軍校
民國三十一年（1942）成都彬明印刷社鉛印本
省圖

0854　增訂僞藥條辨四卷
子部/醫家類/本草之屬/本草雜著
鄭肖岩撰 曹炳章注
民國和濟藥局鉛印本
中醫大

方書之屬

0855　博濟方五卷
子部/醫家類/方書之屬
（宋）王衮撰
民國影印墨海金壺本
川大

0856　長沙方譜未定草不分卷
子部/醫家類/方書之屬
（□）榮銘山編輯
民國三年（1914）陳益生抄本
省圖

0857　陳無擇三因司天方二卷
子部/醫家類/方書之屬
（宋）陳言著　（清）繆問釋
民國抄本
中醫大

0858　陳無擇三因方十八卷
子部/醫家類/方書之屬
（宋）陳言著
民國上海鴻章書局石印本
西昌

0859　成方便讀四卷
子部/醫家類/方書之屬
（清）張秉承輯選
民國二十年（1931）上海千頃堂書局石印本
省圖　川大　中醫大

0860　重校舊本湯頭歌訣二卷
子部/醫家類/方書之屬
（清）汪昂編輯
民國元年（1912）上海同文書局石印本
成都

0861　重校舊本湯頭歌訣一卷
子部/醫家類/方書之屬
（清）汪昂編輯
民國三年（1914）上海共和書局石印本
中醫大

0862　重校舊本湯頭歌訣一卷
子部/醫家類/方書之屬

（清）汪昂編輯
民國上海錦章圖書局石印本
省圖　成都　德陽　西充

0863　崇顧樓藥方備要一卷
子部/醫家類/方書之屬
（□）冰藏居士手録
民國抄本
省圖

0864　洄溪老人二十六秘方一卷
子部/醫家類/方書之屬
（清）徐靈胎著
民國上海國醫書局石印本
中醫大

0865　古方選注四卷
子部/醫家類/方書之屬
（清）王子接注　（清）葉桂校
民國上海千頃堂書局鉛印本
中醫大

0866　古今名醫萬方類編三十二卷
子部/醫家類/方書之屬
（清）曹繩彦輯　閔其昌校對
民國二十五年（1936）大東書局鉛印本
省圖　瀘州　川大　中醫大

0867　古今名醫方論四卷
子部/醫家類/方書之屬
（清）羅美輯　（清）柯琴參閲
（清）錢榮光重校
民國上海大成書局石印本
中醫大

0868　辜大安身驗良方一卷附録一卷
子部/醫家類/方書之屬
（清）辜大安撰
民國十三年（1924）資中基督教研究會鉛印本
省圖　川大

0869　顧氏祖傳内外科方不分卷
子部/醫家類/方書之屬
（□）□□撰
民國抄本
中醫大

0870　怪疾奇方一卷
子部/醫家類/方書之屬
（□）□□撰
民國刻本
中醫大

0871　光烈醫方指南十卷
子部/醫家類/方書之屬
吴光烈纂
民國抄本
成都

0872　分類詳注白子金丹附述記
子部/醫家類/方書之屬
（□）□□撰
民國廣益書局石印本
達州

0873　分經方義録二卷
子部/醫家類/方書之屬
何仲皋著
民國石印本
省圖

0874　分經方義録二卷
子部/醫家類/方書之屬
何仲皋著
民國影印本
省圖

0875　婦人良方二十四卷
子部/醫家類/方書之屬
（宋）陳自明編　（明）薛己注
民國上海大成書局石印本
川大

0876　衡陽藥簽一卷
子部/醫家類/方書之屬
（□）□□撰
民國五年（1916）寶善堂刻本
成都

0877　彙集金鑒四卷
子部/醫家類/方書之屬
（清）釋本圓超編
民國三年（1914）成都刻本
中醫大

0878　加批圈點外臺秘要四十卷目録一卷
子部/醫家類/方書之屬
（唐）王燾著　（明）陸錫明校閲（清）程衍道訂
民國十三年（1924）上海廣益書局石印本
省圖

0879　近世内科國藥處方集第一集傳染病篇不分卷
子部/醫家類/方書之屬
葉橘泉著　施今墨鑒定　葉古紅校正
民國二十五年（1936）浙江雙林存濟醫廬鉛印本
省圖

0880　近世内科國藥處方集第一集傳染病篇不分卷
子部/醫家類/方書之屬
葉橘泉著　施今墨鑒定　葉古紅校正
民國二十六年（1937）上海家庭工業社鉛印本
省圖　成都

0881　經方實驗録三卷首一卷分録一卷
子部/醫家類/方書之屬
曹穎甫醫案　姜佐景編按
民國二十五年（1936）姜佐景醫廬鉛印本
中醫大

0882　經方實驗録三卷首一卷附録一卷
子部/醫家類/方書之屬
曹穎甫醫案　姜佐景編按
民國二十六年（1937）上海大東書局鉛印本
安州區

0883　校正國藥古方彙編四卷
子部/醫家類/方書之屬
施家棟等編輯
民國十九年（1930）南京藥業公所鉛印本
省圖　中醫大

0884　絳雪園古方選注三卷
子部/醫家類/方書之屬
（清）王子接注 （清）葉桂校
民國上海千傾堂書局石印本
中醫大

0885　類編朱氏集驗醫方十五卷目録一卷
子部/醫家類/方書之屬
（宋）朱佐集
民國二十四年（1935）商務印書館影印宛委别藏本
省圖

0886　良方匯選二卷
子部/醫家類/方書之屬
（日本）丹波元簡編
民國八年（1919）中華書局鉛印本
省圖 川大

0887　麻風再造神方一卷
子部/醫家類/方書之屬
劉季青撰
民國上海明善書局石印本
省圖

0888　脉藥聯珠一卷古方考一卷
子部/醫家類/方書之屬
（清）龍柏撰
民國上海江左書林石印本
川大 中醫大

0889　秘本丹方大全不分卷
子部/醫家類/方書之屬
世界書局編輯所編
民國十一年（1922）上海世界書局石印本
中醫大

0890　秘本丹方大全不分卷
子部/醫家類/方書之屬
世界書局編輯所編
民國十三年（1924）上海世界書局石印本
省圖

0891　景岳全書德集新方八陣不分卷
子部/醫家類/方書之屬
（明）張介賓撰
民國抄本
成都

0892　全生指迷方四卷
子部/醫家類/方書之屬
（宋）王貺撰
民國十九年（1930）上海中醫書局石印本
川大

0893　七先生醫效方一卷
子部/醫家類/方書之屬
陳亘輯
民國九年（1920）聚昌公司鉛印本
省圖

0894　奇方纂要一卷
子部/醫家類/方書之屬
（清）王錫鑫編輯
民國三十二年（1943）刻本
中醫大

0895　群方便覽續編二卷
子部/醫家類/方書之屬

（清）郭懋筠編
民國鉛印本
省圖

0896　群方便覽二卷
子部/醫家類/方書之屬
（清）郭懋筠輯
民國三年（1914）刻本
川大

0897　時方妙用四卷
子部/醫家類/方書之屬
（清）陳念祖撰　（清）陳元豹校
（清）陳元犀校
民國四年（1915）重慶中西書局鉛印本
中醫大

0898　時方妙用四卷
子部/醫家類/方書之屬
（清）陳念祖撰　（清）陳元豹校
（清）陳元犀校
民國上海錦章圖書局石印本
遂寧　安州區

0899　時方歌括二卷景岳新方砭四卷
子部/醫家類/方書之屬
（清）陳念祖著
民國上海錦章圖書局石印本
遂寧　中醫大　川博

0900　蘇沈良方八卷
子部/醫家類/方書之屬
（宋）蘇軾　（宋）沈括撰
民國鉛印本
省圖

0901　蘇沈内翰良方十卷
子部/醫家類/方書之屬
（宋）蘇軾　（宋）沈括撰
民國十年（1921）影印知不足齋叢書本
瀘州　川師大

0902　實用處方學不分卷
子部/醫家類/方書之屬
徐庶遥編
民國三十一年（1942）中國醫藥文化服務社鉛印本
中醫大

0903　實驗秘本中西良方大全不分卷
子部/醫家類/方書之屬
繆乃澄編
抄本
成都

0904　湯頭錢數抉微四卷
子部/醫家類/方書之屬
（清）汪昂著　章納川補注
民國十二年（1923）上海會文堂書局石印本
中醫大

0905　湯液經六卷首一卷末一卷附録一卷
子部/醫家類/方書之屬
（商）伊尹撰　（漢）張機廣論　楊紹伊考　劉復補修
民國三十七年（1948）劉氏壹錢閣曾福臻鉛印本
省圖　中醫大

0906　湯頭歌訣一卷經絡歌訣一卷
子部/醫家類/方書之屬
（清）汪昂著　謝觀等校
民國商務印書館鉛印本
省圖　中醫大

0907　湯頭歌訣不分卷
子部/醫家類/方書之屬
（清）汪昂編輯
民國三年（1914）上海共和書局石印本
西昌

0908　湯頭歌訣不分卷
子部/醫家類/方書之屬
（清）汪昂編輯
民國十九年（1930）鉛印本
蓬溪

0909　湯頭歌訣不分卷
子部/醫家類/方書之屬
（清）汪昂編輯
民國上海錦章圖書局石印本
達州

0910　外臺秘要方四十卷
子部/醫家類/方書之屬
（唐）王燾撰　（宋）林億等校正
（明）陸錫明校閱
民國四年（1915）上海鴻寶齋書局石印本
瀘州　中醫大

0911　外臺秘要方四十卷
子部/醫家類/方書之屬
（唐）王燾撰　（宋）林億等校正
（明）陸錫明校閱
民國石印本
西南民大

0912　外症通用方一卷
子部/醫家類/方書之屬
（清）陸汝銜輯
民國四年（1915）刻本
省圖　中醫大

0913　衛生鴻寶六卷
子部/醫家類/方書之屬
（清）祝補齋編輯
民國元年（1912）上海江東書局石印本
省圖

0914　衛生鴻寶六卷
子部/醫家類/方書之屬
（清）祝補齋編輯
民國上海錦章圖書局石印本
中醫大

0915　新刊良朋彙集四卷
子部/醫家類/方書之屬
（清）孫偉校輯
民國元年（1912）上海江東茂記書局石印本
中醫大

0916　新刊良朋彙集四卷
子部/醫家類/方書之屬
（清）孫偉校輯
民國十一年（1922）上海錦章圖書局石印本
省圖

0917　香岩徑二卷
子部/醫家類/方書之屬
陸晉笙選
民國蘇州陸宅鉛印本
中醫大

0918　寫本藥方一卷
子部/醫家類/方書之屬
（□）□□撰
民國抄本
省圖

0919　寫本藥方一卷
子部/醫家類/方書之屬
（□）□□撰
抄本
樂山

0920　葉天士手集秘方不分卷
子部/醫家類/方書之屬
（清）葉桂著
民國九年（1920）上海世界書局石印本
西昌

0921　葉天士女科證治秘方四卷
子部/醫家類/方書之屬
（清）葉桂撰　（清）竹林寺僧輯
民國三年（1914）上海章福記書局石印本
新都　温江

0922　葉天士秘方一卷
子部/醫家類/方書之屬
（清）葉桂著　陸士諤編輯
民國十二年（1923）上海世界書局石印本
省圖

0923　葉天士秘方一卷
子部/醫家類/方書之屬
（清）葉桂著　陸士諤編輯
民國十五年（1926）上海世界書局石印本
省圖

0924　葉天士秘方大全一卷
子部/醫家類/方書之屬
（清）葉桂著
民國二十五年（1936）達縣復興印書局鉛印本
中醫大

0925　醫學衷中參西録醫方歌括三卷
子部/醫家類/方書之屬
李啓元編
民國二十年（1931）鉛印本
省圖

0926　醫方論四卷
子部/醫家類/方書之屬
（清）費伯雄著　（清）費應蘭編次
民國上海萃英書局石印本
瀘州　川大

0927　醫方備録一卷
子部/醫家類/方書之屬
（□）□□撰
民國抄本
省圖

0928　醫方概要一卷
子部/醫家類/方書之屬

李疇人編
民國抄本
中醫大

0929　醫方捷徑指南全書二卷
子部/醫家類/方書之屬
（明）王宗顯輯
民國四年（1915）刻本
川大

0930　醫方捷徑指南全書二卷
子部/醫家類/方書之屬
（明）王宗顯輯
民國存古書局刻本
南充　三臺

0931　醫方捷徑一卷
子部/醫家類/方書之屬
（明）羅必煒校
民國上海錦章圖書局石印本
中醫大

0932　醫方簡義六卷
子部/醫家類/方書之屬
（清）王馥原著
民國紹興裘氏刻本
中醫大

0933　醫方集宜十卷六氣十二經見證一卷總目一卷
子部/醫家類/方書之屬
（明）丁鳳纂輯
民國抄本
中醫大

0934　醫學發明方一卷
子部/醫家類/方書之屬
（明）吴勉學校
民國刻本
省圖

0935　醫心方三十卷附劄記
子部/醫家類/方書之屬
（日本）丹波康賴撰
抄本
川大

0936　醫心方三十卷
子部/醫家類/方書之屬
（日本）丹波康賴撰
民國國學學校抄本
犍為

0937　伊尹湯液經六卷末一卷附録一卷
子部/醫家類/方書之屬
（商）伊尹著　（漢）張機論　楊紹伊考次　劉復補修
民國三十七年（1948）劉氏一錢閣鉛印本
省圖　成都

0938　用之有益醫方五卷
子部/醫家類/方書之屬
（□）□□撰
民國抄本
省圖

0939　雜選内外秘傳良方一卷
子部/醫家類/方書之屬
（□）□□撰
民國抄本
中醫大

0940　增補萬病回春原本八卷
子部/醫家類/方書之屬
（明）龔廷賢編　（明）周亮登校
民國石印本
中醫大

0941　增訂時疫五方一卷
子部/醫家類/方書之屬
蕭鴻卿著
民國九年（1920）鉛印本
省圖

0942　增注古方新解四卷
子部/醫家類/方書之屬
（清）徐大椿著　陸士諤編訂
民國上海世界書局石印本
中醫大

0943　增注徐洄溪古方新解八卷
子部/醫家類/方書之屬
（清）徐大椿著　陸士諤編訂
民國十年（1921）上海世界書局石印本
省圖

0944　增注徐洄溪古方新解八卷
子部/醫家類/方書之屬
（清）徐大椿著　陸士諤編訂
民國十三年（1924）上海世界書局石印本
省圖 達州 中醫大

0945　增注徐洄溪古方新解八卷
子部/醫家類/方書之屬
（清）徐大椿著　陸士諤編訂
民國二十四年（1935）上海世界書局石印本
富順

0946　增注古方新解八卷
子部/醫家類/方書之屬
（清）徐大椿著　陸士諤編訂
民國十年（1921）上海廣文書局石印本
省圖

0947　增注古方新解八卷
子部/醫家類/方書之屬
（清）徐大椿撰　陸士諤編訂
民國十二年（1923）上海廣文書局石印本
成都

0948　增注古方新解八卷
子部/醫家類/方書之屬
（清）徐大椿著　陸士諤編訂
民國十三年（1924）上海廣文書局石印本
省圖

0949　中西大藥房活人篇一卷
子部/醫家類/方書之屬
（□）□□撰
民國鉛印本
省圖

0950　備急千金要方三十卷
子部/醫家類/方書之屬
（唐）孫思邈撰　（清）席世臣校
民國四年（1915）上海江左書林石印本
中醫大

0951　備急千金要方二十四卷
子部/醫家類/方書之屬
（唐）孫思邈撰　黄恩榮編述
民國二十三年（1934）上海千頃堂書局石印本
中醫大

0952　葛仙翁肘後備急方八卷附刊誤表一卷
子部/醫家類/方書之屬
（晋）葛洪撰
民國二年（1913）成都昌福公司鉛印本
瀘州　川大　中醫大

0953　葛仙翁肘後備急方八卷
子部/醫家類/方書之屬
（晋）葛洪撰
民國二年（1913）成都昌福公司鉛印本
新都

0954　類證普濟本事方十卷
子部/醫家類/方書之屬
（宋）許叔微著　（清）葉桂釋義
民國九年（1920）祥記書局刻本
川大　中醫大

0955　類證普濟本事方十卷
子部/醫家類/方書之屬
（宋）許叔微著　（清）葉桂釋義
抄本
中醫大

0956　千金方衍儀三十卷
子部/醫家類/方書之屬
（清）張璐著
民國掃葉山房石印本
南充　達州

0957　千金婦人方注一卷
子部/醫家類/方書之屬
（唐）孫思邈著　張驥集
民國刻本
省圖

0958　千金婦人方注一卷
子部/醫家類/方書之屬
（唐）孫思邈著　張驥集
民國何紹勛刻本
省圖

0959　千金要方三十卷目録一卷
子部/醫家類/方書之屬
（唐）孫思邈撰　（宋）林億等校正
（清）張璐衍義　（清）席世臣校
民國五年（1916）上海鴻寶齋書局石印本
中醫大

0960　千金要方三十卷目録一卷
子部/醫家類/方書之屬
（唐）孫思邈撰　（宋）林億等校正
（清）張璐衍義　（清）席世臣校
民國九年（1920）江左書局石印本
南充　川大

0961　千金要方三十卷目録一卷
子部/醫家類/方書之屬
（唐）孫思邈撰　（宋）林億等校正
（清）張璐衍義　（清）席世臣校
民國十五年（1926）中原書局石印本
南充　西昌　中醫大

0962　千金要方三十卷目録一卷
子部/醫家類/方書之屬
（唐）孫思邈撰　（宋）林億等校正
（清）張璐衍義　（清）席世臣校
民國十九年（1930）石印本
瀘州 宜賓

0963　孫真人備急千金要方三十卷
子部/醫家類/方書之屬
（唐）孫思邈撰　（清）張璐衍義
（清）席世臣校 曹智涵校
民國四年（1915）江左書林石印本
德陽 南充 温江 川大

0964　孫真人備急千金要方三十卷
子部/醫家類/方書之屬
（唐）孫思邈撰　（清）張璐衍義
（清）席世臣校 曹智涵校
民國十九年（1930）上海中原書局石印本
省圖 瀘州

0965　唐王燾先生外臺秘要方四十卷目録一卷
子部/醫家類/方書之屬
（唐）王燾著　（宋）林億等上進
（明）陸錫明校閲　（清）程衍道訂梓
民國四年（1915）上海鴻寶齋書局石印本
省圖 成都 瀘州 廣元 安州區 川大 中醫大

0966　唐本千金方第一序例注八卷序目一卷跋尾一卷
子部/醫家類/方書之屬
（唐）孫思邈撰　張驥集注
民國三十一年（1942）雙流張氏汲古堂刻本
成都 中醫大

0967　王燾先生外臺秘要方四十卷
子部/醫家類/方書之屬
（唐）王燾撰　（宋）林億等上進
（□）許僩校　（清）程衍道訂梓
民國鉛印本
新都

0968　本草萬方針綫八卷
子部/醫家類/方書之屬
（清）蔡烈先輯
民國元年（1912）上海鴻寶齋書局石印本
中醫大

0969　本草萬方針綫八卷
子部/醫家類/方書之屬
（清）蔡烈先輯
民國二年（1913）上海商務印書館石印本
瀘州

0970　本草萬方針綫八卷
子部/醫家類/方書之屬
（清）蔡烈先輯
民國五年（1916）上海鴻賓齋書局石印本
温江 川大 中醫大

0971　本草萬方針綫八卷
子部/醫家類/方書之屬
（清）蔡烈先輯

民國五年（1916）上海錦章圖書局石印本
省圖 瀘州 中醫大

0972 汪氏醫方集解録要二卷
子部/醫家類/方書之屬
（清）汪昂撰
民國抄本
成都

0973 醫方集解四卷附重校舊本湯頭歌訣一卷
子部/醫家類/方書之屬
（清）汪昂撰
民國天津直隸書局鉛印本
中醫大

0974 醫方集解三卷附醫學三字經四卷
子部/醫家類/方書之屬
（清）汪昂撰
民國上海廣益書局石印本
達州

0975 醫方集解二十一卷附一卷
子部/醫家類/方書之屬
（清）汪昂撰
民國十一年（1922）刻本
川大

0976 增評醫方集解二十三卷
子部/醫家類/方書之屬
（清）汪昂著輯 （清）費伯雄加評
民國元年（1912）五音書局石印本
安州區

0977 增評醫方集解二十三卷
子部/醫家類/方書之屬
（清）汪昂著輯 （清）費伯雄加評
民國三年（1914）上海共和書局石印本
中醫大

0978 增評醫方集解二十三卷
子部/醫家類/方書之屬
（清）汪昂著輯 （清）費伯雄加評
民國二十一年（1932）上海錦章圖書局石印本
中醫大

0979 增評醫方集解二十三卷
子部/醫家類/方書之屬
（清）汪昂著輯 （清）費伯雄加評
民國上海廣益書局石印本
省圖

0980 增評醫方集解二十三卷
子部/醫家類/方書之屬
（清）汪昂著輯 （清）費伯雄加評
民國石印本
省圖 西充 安州區

0981 增評醫方集解二十三卷增圖本草備要八卷湯頭歌訣一卷附藥性歌括一卷
子部/醫家類/方書之屬
（清）汪昂著輯 （清）費伯雄加評
民國三十年（1941）至民國三十二年（1943）上海錦章圖書局石印本
中醫大

0982　增評醫方集解二十三卷附重校舊本湯頭歌訣一卷
子部/醫家類/方書之屬
（清）汪昂著輯 （清）費伯雄加評
民國上海錦章圖書局石印本
中醫大

0983　百病簡易自療驗方不分卷
子部/醫家類/方書之屬/單方驗方
顧兆奎編著
民國二十一年（1932）上海顧氏醫廬鉛印本
西昌

0984　百病治療丹方四卷
子部/醫家類/方書之屬/單方驗方
梁鳳樓輯
民國十四年（1925）上海江左書局石印本
富順

0985　便驗良方一卷
子部/醫家類/方書之屬/單方驗方
（□）□□撰
民國刻本
成都

0986　不謝方一卷
子部/醫家類/方書之屬/單方驗方
（清）陸懋修著
民國抄本
中醫大

0987　不費錢的奇驗方一卷
子部/醫家類/方書之屬/單方驗方
孫緯才輯
民國二十三年（1934）鉛印本
省圖

0988　不費錢的奇驗方一卷
子部/醫家類/方書之屬/單方驗方
孫緯才輯
民國二十四年（1935）成都刻本
省圖 中醫大

0989　不費錢的奇驗方一卷
子部/醫家類/方書之屬/單方驗方
孫緯才輯
民國石印本
成都 中醫大

0990　不費錢的奇驗方一卷
子部/醫家類/方書之屬/單方驗方
孫緯才輯
抄本
省圖

0991　不費錢的奇驗方一卷續輯一卷
子部/醫家類/方書之屬/單方驗方
孫緯才輯&續輯一卷　夢蓮堂主人編
民國二十三年（1934）成都鉛印本
省圖

0992　不費錢的奇驗方一卷續輯一卷
子部/醫家類/方書之屬/單方驗方
孫緯才輯&續輯一卷　夢蓮堂主人編
民國二十四年（1935）成都實業街刻本
省圖

0993　程氏續即得方二卷
子部/醫家類/方書之屬/單方驗方
（□）□□撰
民國鉛印本
達州

0994　重訂驗方新編十八卷
子部/醫家類/方書之屬/單方驗方
（清）鮑相璈輯
民國元年（1912）上海鴻寶齋書局石印本
新都　安州區

0995　重訂驗方新編十八卷
子部/醫家類/方書之屬/單方驗方
（清）鮑相璈輯
民國三年（1914）上海錦章圖書局石印本
省圖　瀘州　中醫大

0996　重訂驗方新編十八卷
子部/醫家類/方書之屬/單方驗方
（清）鮑相璈輯
民國上海廣益書局石印本
瀘州　中醫大

0997　串雅内編四卷外編四卷
子部/醫家類/方書之屬/單方驗方
（清）趙學敏輯纂　（清）吴庚生補注
民國三年（1914）上海掃葉山房石印本
中醫大

0998　串雅内編四卷外編四卷
子部/醫家類/方書之屬/單方驗方
（清）趙學敏輯纂　（清）吴庚生補注
民國九年（1920）上海掃葉山房石印本
省圖

0999　串雅内編四卷外編四卷
子部/醫家類/方書之屬/單方驗方
（清）趙學敏輯纂　（清）吴庚生補注
民國十五年（1926）上海掃葉山房石印本
省圖　中醫大

1000　串雅内編四卷外編四卷
子部/醫家類/方書之屬/單方驗方
（清）趙學敏纂輯　（清）吴庚生補注
民國抄本
省圖

1001　揣摩有得集不分卷
子部/醫家類/方書之屬/單方驗方
（清）張朝震著
民國二十五年（1936）國光印書局鉛印本
省圖

1002　單方百診全書一卷
子部/醫家類/方書之屬/單方驗方
（清）白馬和尚撰
民國抄本
川大

1003　跌打損傷藥方一卷
子部/醫家類/方書之屬/單方驗方
（□）□□撰
民國抄本
省圖

1004　吊脚痧方論一卷
子部/醫家類/方書之屬/單方驗方
（清）徐子默手定
民國上海國醫書局石印本
中醫大

1005　鮓溪外治方選二卷
子部/醫家類/方書之屬/單方驗方
（清）陸晋笙輯
民國七年（1918）石印本
西昌　中醫大

1006　鮓溪單方選二卷
子部/醫家類/方書之屬/單方驗方
（清）陸晋笙輯
民國七年（1918）石印本
西昌

1007　觀聚方要補十卷目録一卷總目一卷
子部/醫家類/方書之屬/單方驗方
（日本）丹波元簡輯　（日本）丹波元昕參訂
日本安政四年（1857）刻民國二十年（1931）江陰寶文堂印本
省圖　中醫大

1008　海上仙方一卷
子部/醫家類/方書之屬/單方驗方
（□）□□撰
民國刻本
成都

1009　彙集奇方一卷
子部/醫家類/方書之屬/單方驗方
（□）□□撰
民國抄本
省圖

1010　彙集秘方不分卷
子部/醫家類/方書之屬/單方驗方
（□）□□撰
抄本
中醫大

1011　彙編奇效良方一卷
子部/醫家類/方書之屬/單方驗方
楊鵬先輯
民國二十二年（1933）上海明善書局石印本
省圖

1012　集選奇效簡便良方四卷
子部/醫家類/方書之屬/單方驗方
（清）丁堯臣輯
民國十四年（1925）上海宏大善書局石印本
中醫大

1013　急救吊死溺死瘋狗咬傷經驗良方一卷
子部/醫家類/方書之屬/單方驗方
（□）□□著
民國聚昌公司鉛印本
中醫大

1014　吉人集驗方一卷
子部/醫家類/方書之屬/單方驗方
周吉人編輯
民國十三年（1924）無錫周保安堂鉛印本
中醫大

1015　經驗奇效良方一卷
子部/醫家類/方書之屬/單方驗方
楊鵬先編

民國二十二年（1933）上海明善書局石印本
省圖

1016　經驗良方二卷
子部/醫家類/方書之屬/單方驗方
（清）周桂山編　（清）梁思淇續編
民國五年（1916）刻本
達州

1017　經驗良方二卷
子部/醫家類/方書之屬/單方驗方
（清）周桂山編　（清）梁思淇續編
民國六年（1917）煉石齋書局石印本
川大

1018　經驗良方二卷
子部/醫家類/方書之屬/單方驗方
（清）周桂山編　（清）梁思淇續編
民國十三年（1924）上海廣益書局石印本
中醫大

1019　經驗良方二卷
子部/醫家類/方書之屬/單方驗方
（清）周桂山編　（清）梁思淇續編
民國十六年（1927）上海錦章圖書局石印本
省圖

1020　經驗良方大全十卷首一卷
子部/醫家類/方書之屬/單方驗方
（清）黄統著　（清）王孟英續編
民國十年（1921）文明書局石印本
省圖　瀘州　中醫大

1021　經驗便捷奇方二卷
子部/醫家類/方書之屬/單方驗方
李雲庵輯
民國明善書局石印本
省圖　成都　中醫大

1022　急救應驗良方一卷
子部/醫家類/方書之屬/單方驗方
（清）徐幹敬選　（清）費山壽纂輯
民國八年（1919）刻本
省圖　樂山

1023　急救應驗良方一卷
子部/醫家類/方書之屬/單方驗方
（清）徐幹敬選　（清）費山壽纂輯
民國二十三年（1934）鉛印本
南充

1024　急救經驗良方一卷
子部/醫家類/方書之屬/單方驗方
（清）陳念祖評
民國上海錦章圖書局石印本
川博

1025　急救簡便應驗良方不分卷
子部/醫家類/方書之屬/單方驗方
（清）費山壽纂輯
民國八年（1919）刻本
省圖

1026　急救簡便應驗良方不分卷
子部/醫家類/方書之屬/單方驗方
（□）□□撰
民國抄本
省圖

1027　救命神奇藥方續命集不分卷
子部/醫家類/方書之屬/單方驗方
寄居京都隱名士人輯

民國十四年（1925）北京京津印書局鉛印本
省圖 樂山

1028 救急便驗良方不分卷
子部/醫家類/方書之屬/單方驗方
（□）□□撰
成都古臥龍橋博文堂刻本
省圖 高縣

1029 療服石醫方一卷
子部/醫家類/方書之屬/單方驗方
羅振玉輯
民國影印本
西華師大

1030 靈秘丹方全書一卷
子部/醫家類/方書之屬/單方驗方
（明）鍾惺輯
民國十八年（1929）上海千頃堂書局石印本
省圖

1031 靈機筆談不分卷
子部/醫家類/方書之屬/單方驗方
（南朝梁）陶宏景著
民國十八年（1929）醒廬精舍鉛印本
中醫大

1032 六淫要略不分卷
子部/醫家類/方書之屬/單方驗方
高玉如著
民國抄本
川博

1033 旅社備要方一卷附傷寒微旨論二卷
子部/醫家類/方書之屬/單方驗方
（宋）董汲撰&傷寒微旨論二卷（宋）韓祇和撰
民國影印墨海金壺本
川大

1034 旅舍備要方一卷
子部/醫家類/方書之屬/單方驗方
（宋）董汲撰
民國二年（1913）四川成都存古書局刻本
省圖 川大 中醫大

1035 菉竹堂集驗良方秘藏不分券
子部/醫家類/方書之屬/單方驗方
（□）□□撰
民國上海點石齋書局石印本
達州

1036 秘藏華扁遺方不分卷
子部/醫家類/方書之屬/單方驗方
鶴雲録
民國十四年（1925）抄本
省圖

1037 秘本丹方大全不分卷
子部/醫家類/方書之屬/單方驗方
廣文書局編輯
民國八年（1919）上海廣文書局鉛印本
成都

1038 秘方彙集一卷
子部/醫家類/方書之屬/單方驗方
（□）□□撰
民國鉛印本
省圖 樂山 中醫大

1039　梅氏驗方新編七卷
子部/醫家類/方書之屬/單方驗方
（清）梅啓照原編
民國二十三年（1934）利用造紙廠鉛印本
省圖 成都

1040　梅氏驗方新編七卷
子部/醫家類/方書之屬/單方驗方
（清）梅啓照原編
民國二十三年（1934）家庭工業社鉛印本
省圖

1041　梅氏驗方新編七卷
子部/醫家類/方書之屬/單方驗方
（清）梅啓照原編
民國二十六年（1937）鉛印本
中醫大

1042　妙用奇方一卷
子部/醫家類/方書之屬/單方驗方
（□）□□撰
民國抄本
中醫大

1043　内症通用方一卷外症通用方一卷
子部/醫家類/方書之屬/單方驗方
（清）陸汝衡集編
民國四年（1915）刻本
省圖 川大 中醫大

1044　内外神方不分卷
子部/醫家類/方書之屬/單方驗方
（□）□□撰
民國抄本
成都

1045　起死回生秘訣一卷
子部/醫家類/方書之屬/單方驗方
（清）梅光鼎著
民國十一年（1922）上海廣雅書局石印本
省圖

1046　奇效海上良方秘本四卷
子部/醫家類/方書之屬/單方驗方
（唐）孫思邈撰
民國三年（1914）成都趙玉元堂刻本
省圖 西昌 川大 中醫大

1047　千金不換神效藥方一卷
子部/醫家類/方書之屬/單方驗方
（清）吴生甫彙集
民國抄本
中醫大

1048　賽金丹二編
子部/醫家類/方書之屬/單方驗方
（清）徐半峰等撰
民國二十二年（1933）刻本
省圖

1049　時用草藥仙方一卷
子部/醫家類/方書之屬/單方驗方
（□）□□撰
民國古臥龍橋街記雪莊刻本
成都

1050　失血新方二卷
子部/醫家類/方書之屬/單方驗方
（清）楊鳳閣撰
民國抄本
新都

1051　身驗良方一卷
子部/醫家類/方書之屬/單方驗方
（清）辜大安撰
民國十三年（1924）昌明印刷社鉛印本
省圖

1052　萬應奇效秘方一千五百種一卷
子部/醫家類/方書之屬/單方驗方
（清）葉桂撰　李古直編訂
民國鉛印本
成都

1053　萬藥歸宗一卷
子部/醫家類/方書之屬/單方驗方
（□）□□撰
民國抄本
省圖

1054　選本新刻一囊春四卷
子部/醫家類/方書之屬/單方驗方
雷朋慶輯
民國九年（1920）瀘縣文匯堂刻本
中醫大

1055　驗方新編十八卷附選録驗方新編勘誤表
子部/醫家類/方書之屬/單方驗方
（清）鮑相璈編輯　（清）張紹堂增輯
民國二年（1913）成都昌福公司鉛印本
省圖　川大

1056　驗方新編十八卷
子部/醫家類/方書之屬/單方驗方
（清）鮑相璈編輯　（清）張紹堂增輯
民國三年（1914）上海錦章圖書局石印本
温江

1057　驗方新編十八卷
子部/醫家類/方書之屬/單方驗方
（清）鮑相璈編輯　（清）張紹堂增輯
民國十三年（1924）上海啓新書局石印本
達州　中醫大

1058　驗方新編十八卷
子部/醫家類/方書之屬/單方驗方
（清）鮑相璈編輯　（清）張紹堂增輯
民國十四年（1925）上海啓新書局石印本
安州區

1059　驗方新編十八卷
子部/醫家類/方書之屬/單方驗方
（清）鮑相璈編輯　（清）張紹堂增輯
民國日本橫濱中華會館鉛印本
省圖

1060　驗方新編二十四卷
子部/醫家類/方書之屬/單方驗方
（清）鮑相璈編輯
民國刻本
廣安區

1061　驗方秘本一卷
子部/醫家類/方書之屬/單方驗方
（□）□□撰
民國抄本
省圖

1062　驗方秘本一卷
子部/醫家類/方書之屬/單方驗方

（□）□□撰
□逵抄本
省圖

1063　驗方歌不分卷
子部/醫家類/方書之屬/單方驗方
（□）□□撰
民國石印本
高縣

1064　應驗奇方二卷
子部/醫家類/方書之屬/單方驗方
（□）□□撰
民國抄本
成都

1065　應驗藥方一卷
子部/醫家類/方書之屬/單方驗方
（□）□□撰
民國抄本
省圖

1066　總集聚醫方一卷
子部/醫家類/方書之屬/單方驗方
（□）□□撰
民國抄本
成都

1067　增輯驗方新編十八卷
子部/醫家類/方書之屬/單方驗方
（清）鮑相璈輯
民國上海啓新書局石印本
中醫大

1068　增廣驗方新編十六卷附痧症全書三卷
子部/醫家類/方書之屬/單方驗方
（清）鮑相璈編輯　（清）張紹棠增輯　&痧症全書三卷　（清）林森撰　（清）王凱編
民國三年（1914）上海錦章圖書局石印本
省圖

1069　增廣驗方新編十六卷
子部/醫家類/方書之屬/單方驗方
（清）鮑相璈編輯　（清）張紹堂增輯
民國上海錦章圖書局石印本
省圖

1070　增廣靈驗驗方新編十六卷首一卷續集五卷
子部/醫家類/方書之屬/單方驗方
（清）鮑相璈輯　&續集五卷　（清）張紹堂增輯
民國上海錦章圖書局石印本
郫都　安州區

1071　增廣靈驗驗方新編十八卷
子部/醫家類/方書之屬/單方驗方
（清）鮑相璈編輯
民國上海廣益書局石印本
西昌　富順

1072　增廣靈驗驗方新編十八卷
子部/醫家類/方書之屬/單方驗方
（清）鮑相璈編輯
民國上海會文堂書局石印本
西昌

1073　中西合纂驗方新編一卷
子部/醫家類/方書之屬/單方驗方
顧鳴盛輯　馬小琴校閱

民國六年（1917）上海文明書局鉛印本
中醫大

1074　北平同和堂藥目不分卷
子部/醫家類/方書之屬/成方藥目
同和堂編
民國二十一年（1932）成都北平同和堂鉛印本
省圖

1075　北京達仁堂參茸丸散價目表不分卷
子部/醫家類/方書之屬/成方藥目
達仁堂編
民國鉛印本
中醫大

1076　膏丹丸散纂輯一卷
子部/醫家類/方書之屬/成方藥目
鄧樹年彙選　鄧大章校字
民國十一年（1922）成都聚昌印刷公司刻本
省圖

1077　虎治丸散膏丹一卷
子部/醫家類/方書之屬/成方藥目
楊鈞輝録
民國抄本
中醫大

1078　京都達仁堂樂家老藥鋪丸散膏丹主治各症列後不分卷
子部/醫家類/方書之屬/成方藥目
達仁堂編
民國二年（1913）鉛印本
南溪區

1079　錢存濟堂丸散膏丹全集四卷續集一卷
子部/醫家類/方書之屬/成方藥目
錢立縉編
民國三年（1914）錢存濟藥鋪石印本
中醫大

1080　醫心方三十卷
子部/醫家類/方書之屬/成方藥目
（日本）丹波康頼著　（日本）多紀元堅校訂
民國影印本
川博

1081　頤齡堂藥目一卷
子部/醫家類/方書之屬/成方藥目
（□）□□撰
民國八年（1919）刻本
省圖

温病之屬

1082　成都國醫講習所温病學講義一卷
子部/醫家類/温病之屬
陸仲鶴編
民國成都國醫講習所鉛印本
中醫大

1083　春温三字訣一卷附痢症三字訣一卷温熱條辯一卷温熱贅言一卷瘧疾論三卷
子部/醫家類/温病之屬
（清）張子培著　&痢症三字訣一卷　（清）唐宗海著　（清）鄧其章校參印　&温熱條辯一卷　（清）薛雪著　&温熱贅言一卷　（清）寄瓢子著　&瘧疾論三卷　（清）韓善微纂
民國上海錦章圖書局石印本
瀘州　川博

1084　春温三字訣一卷附痢症三字訣一卷
子部/醫家類/温病之屬
（清）張子培著　&痢症三字訣一卷　（清）唐宗海著　（清）鄧其章校參印
民國石印本
省圖　中醫大

1085　春温三字訣一卷
子部/醫家類/温病之屬
（清）張子培撰
民國錦章圖書局石印本
川大　川博

1086　春温簡易治療法一卷
子部/醫家類/温病之屬
孫石如編
民國油印本
成都

1087　重訂廣温熱論二卷
子部/醫家類/温病之屬
（清）戴天章原著　（清）陸懋修删定　何炳元重訂
民國三年（1914）紹興浙東印書局鉛印本
省圖　中醫大

1088　重訂廣温熱論二卷
子部/醫家類/温病之屬
（清）戴天章原著　（清）陸懋修删定　何炳元重訂
民國三年（1914）宣化坊何氏醫家鉛印本
省圖

1089　重訂廣温熱論二卷
子部/醫家類/温病之屬
（清）戴天章原著　（清）陸懋修删定　何炳元重訂
民國上海千傾堂書局石印本
西昌

1090　感症寶筏四卷附藥方一卷
子部/醫家類/温病之屬
（清）吴貞撰　（清）邵仙根評　（清）何炳元重訂　（清）邵拯華録　（清）邵光華録
民國元年（1912）浙東印書局何氏醫學叢書鉛印本
省圖

1091　感症寶筏四卷
子部/醫家類/温病之屬
（清）吴貞撰　（清）邵仙根評　何炳元重訂　邵光華等録
民國元年（1912）明强書藥局鉛印本
省圖

1092　感症寶筏四卷
子部/醫家類/温病之屬
（清）吴貞撰　（清）邵仙根評
何炳元重訂　邵光華等録
民國二十年（1931）上海六也堂書藥局鉛印本
中醫大

1093　國醫防疫概要一卷附國醫防疫概要校勘記
子部/醫家類/温病之屬
賴華鋒纂述　黄裏仁　陳紹炎校
民國二十五年（1936）同興紙社鉛印本
省圖

1094　國醫傳染病一卷附傳染病簡療法一卷
子部/醫家類/温病之屬
茹十眉編　鄺素玲録
民國二十五年（1936）上海大衆書局鉛印本
省圖

1095　加評温病條辨六卷首一卷
子部/醫家類/温病之屬
（清）吴瑭著　陸士諤加評
民國上海世界書局石印本
中醫大

1096　加評温病條辨六卷首一卷
子部/醫家類/温病之屬
（清）吴瑭著　陸士諤加評
民國二十一年（1932）神州醫學編輯社石印本
省圖

1097　校正時病論八卷
子部/醫家類/温病之屬
（清）雷少逸著　劉賓臣鑒定
民國上海錦章圖書局石印本
西昌

1098　濕温綱要二卷
子部/醫家類/温病之屬
程紹伊撰
民國抄本
中醫大

1099　濕温病古今醫案平議一卷
子部/醫家類/温病之屬
張壽頤纂集
民國石印本
省圖

1100　時病學講義一卷
子部/醫家類/温病之屬
（清）雷豐撰　王杏樓輯
民國四川省國醫學院鉛印本
成都

1101　時病論八卷附勘誤表
子部/醫家類/温病之屬
（清）雷豐著　劉賓臣鑒定
民國成都昌福公司鉛印本
省圖　瀘州　安州區　中醫大

1102　時病歌括一卷分病列隊一卷
子部/醫家類/温病之屬
廖蓂階撰
民國鉛印本
省圖

1103　時病歌括二卷
子部/醫家類/温病之屬
廖蓂階撰
民國成都國醫講習所鉛印本
省圖

1104　温熱經緯五卷
子部/醫家類/温病之屬
（清）王士雄纂　（清）楊照藜評
（清）沈宗淦參　（清）汪曰楨評
民國四年（1915）上海普新書局石印本
中醫大

1105　温熱經緯五卷
子部/醫家類/温病之屬
（清）王士雄纂　（清）楊照藜評
（清）沈宗淦參　（清）汪曰楨評
民國上海廣益書局石印本
德陽

1106　温熱經緯五卷
子部/醫家類/温病之屬
（清）王士雄纂　（清）楊照藜評
（清）沈宗淦參　（清）汪曰楨評
民國上海文瑞樓石印本
西昌　滎縣

1107　温熱經緯五卷
子部/醫家類/温病之屬
（清）王士雄纂　（清）楊照藜評
（清）沈宗淦參　（清）汪曰楨評
民國上海錦章圖書局石印本
省圖

1108　温熱經緯五卷
子部/醫家類/温病之屬
（清）王士雄纂　（清）楊照藜評
（清）沈宗淦參　（清）汪曰楨評
民國石印本
中醫大

1109　温熱經緯五卷
子部/醫家類/温病之屬
（清）王士雄纂　（清）楊照藜評
（清）沈宗淦參　（清）汪曰楨評
民國鉛印本
瀘州　安州區

1110　温熱經緯歌括五卷
子部/醫家類/温病之屬
楊濬編　范光廷參訂
民國十八年（1929）石印本
省圖

1111　温熱便讀二卷
子部/醫家類/温病之屬
鄒仲彝編
民國二十四年（1935）石印本
新都

1112　温熱便讀二卷附麻疹概論一卷小兒平脉之我見一卷
子部/醫家類/温病之屬
鄒仲彝編
民國石印本
省圖

1113　温病要旨一卷
子部/醫家類/温病之屬
何仲皋著
民國二十六年（1937）四川高等國醫學校學淵鉛石印社鉛印本
省圖

1114 温病學一卷附診斷學一卷
子部/醫家類/温病之屬
陸景廷編 &診斷學一卷 敖文伯撰
民國成都市國醫講習所鉛印本
省圖

1115 温病學一卷附診斷學一卷
子部/醫家類/温病之屬
陸景廷編 &診斷學一卷 敖文伯撰
民國有記文華印字館鉛印本
省圖 樂山

1116 温病學一卷
子部/醫家類/温病之屬
陸景廷編
民國油印本
成都

1117 温病學三卷
子部/醫家類/温病之屬
何伯塤述
民國四川省國醫學院彬明印刷社鉛印本
省圖 中醫大

1118 温病條辨摘要一卷
子部/醫家類/温病之屬
何澤民訂
抄本
成都

1119 温病條辨六卷首一卷
子部/醫家類/温病之屬
（清）吴瑭著 （清）汪瑟安
（清）征以園三訂 （清）朱武曹點評
民國二年（1913）上海章福記書局石印本
南充 中醫大

1120 温病條辨六卷首一卷
子部/醫家類/温病之屬
（清）吴瑭著 （清）汪瑟安
（清）征以園三訂 （清）朱武曹點評
民國三年（1914）上海錦章圖書局石印本
省圖 西昌 中醫大

1121 温病條辨六卷首一卷
子部/醫家類/温病之屬
（清）吴瑭著 （清）汪瑟安
（清）征以園三訂 （清）朱武曹點評
民國六年（1917）年上海煉石書局石印本
省圖

1122 温病條辨六卷首一卷
子部/醫家類/温病之屬
（清）吴瑭著 （清）汪瑟安
（清）征以園三訂 （清）朱武曹點評
民國七年（1918）年上海鴻寶齋書局石印本
省圖 川大

1123 温病條辨六卷首一卷
子部/醫家類/温病之屬
（清）吴瑭著 （清）汪瑟安
（清）征以園三訂 （清）朱武曹點評
民國十三年（1924）刻本
瀘州 三臺 青羊

1124 温病條辨六卷首一卷
子部/醫家類/温病之屬

（清）吴瑭著　（清）汪瑟安
（清）征以園三訂　（清）朱武曹點評
民國二十年（1931）上海章福記書局石印本
德陽

1125　温病條辨六卷首一卷
子部/醫家類/温病之屬
（清）吴瑭著　（清）汪瑟安
（清）征以園三訂　（清）朱武曹點評
民國上海文明書局石印本
達州

1126　温病條辨六卷首一卷
子部/醫家類/温病之屬
（清）吴瑭著　（清）汪瑟安
（清）征以園三訂　（清）朱武曹點評
民國上海廣益書局石印本
富順

1127　温病條辨六卷首一卷
子部/醫家類/温病之屬
（清）吴瑭著　（清）汪瑟安
（清）征以園三訂　（清）朱武曹點評
民國上海鴻寶齋書局石印本
省圖

1128　温病條辨六卷首一卷
子部/醫家類/温病之屬
（清）吴瑭著　（清）汪瑟安
（清）征以園三訂　（清）朱武曹點評
民國上海錦章圖書局石印本
成都

1129　温病條辨六卷首一卷
子部/醫家類/温病之屬
（清）吴瑭著　（清）汪瑟安
（清）征以園三訂　（清）朱武曹點評
民國上海鑄記書局石印本
省圖

1130　温病條辨六卷首一卷
子部/醫家類/温病之屬
（清）吴瑭著　（清）汪瑟安
（清）征以園三訂　（清）朱武曹點評
民國石印本
瀘州　安州區

1131　温病條辨六卷首一卷
子部/醫家類/温病之屬
（清）吴瑭著　（清）汪瑟安
（清）征以園三訂　（清）朱武曹點評
民國影印本
江油

1132　温病提要一卷
子部/醫家類/温病之屬
（清）曹文遠著
民國十二年（1923）鉛印本
省圖

1133　温病提要一卷
子部/醫家類/温病之屬
（清）曹文遠撰
民國二十一年（1932）綿竹堃明石印社石印本
省圖

1134　温病提要一卷
子部/醫家類/温病之屬

（清）曹文遠著
民國綿竹埅明石印本
省圖

1135　温病提要一卷
子部/醫家類/温病之屬
（清）曹文遠著
民國抄本
省圖

1136　温病提要續刻一卷
子部/醫家類/温病之屬
（清）曹文遠撰　（清）臧我田增訂
民國十二年（1923）鉛印本
省圖　成都

1137　温病提要續一卷
子部/醫家類/温病之屬
（清）曹文遠撰
民國潼川新民印刷公司鉛印本
省圖

1138　温病提要續刻一卷
子部/醫家類/温病之屬
（清）曹文遠撰
民國鉛印本
省圖　中醫大

1139　温病明理五卷
子部/醫家類/温病之屬
惲樹玨著　徐衡之　章巨膺參校
民國二十五年（1936）上海章巨膺醫寓鉛印本
省圖

1140　温病賦一卷附薛氏濕熱論歌訣一卷
子部/醫家類/温病之屬
姜子房　王旭高編
民國抄本
中醫大

1141　温病方論四卷
子部/醫家類/温病之屬
（清）周揚俊輯　（清）薛雪校
（清）吴蒙校
民國上海千頃堂書局石印本
省圖　中醫大

1142　温病百言一卷附淑老軒增補李之嚴先生瘟疫三方
子部/醫家類/温病之屬
劉宗第編述
民國十三年（1924）成都聚昌印刷公司鉛印本
省圖　中醫大

1143　温病百言一卷
子部/醫家類/温病之屬
劉宗第編述
民國刻本
省圖

1144　新編温病條辨總訣二卷
子部/醫家類/温病之屬
（清）王謙著
抄本
中醫大

1145　增批温熱經緯四卷
子部/醫家類/温病之屬

（清）王士雄纂　（清）葉霖增批
陸士諤校訂
民國十三年（1924）神州醫藥編輯社石印本
省圖

1146　增批温熱經緯四卷
子部/醫家類/温病之屬
（清）王士雄纂　（清）葉霖增批
陸士諤校訂
民國上海世界書局石印本
安州區　中醫大

1147　中西温熱串解八卷附録一卷
子部/醫家類/温病之屬
吴錫璜撰述　吴錫琮參訂　吴道卿　吴植卿校
民國十七年（1928）上海文瑞樓鴻章書局石印本
省圖

1148　中西温熱串解八卷附録一卷
子部/醫家類/温病之屬
吴錫璜撰述　吴錫琮參訂　吴道卿
吴植卿校
民國二十三年（1934）上海文瑞樓書局石印本
中醫大

1149　重刻瘟疫神效方一卷
子部/醫家類/温病之屬/瘟疫
（清）張九萶增補　（清）李芝嚴撰
民國刻本
樂山

1150　廣瘟疫論四卷附廣瘟疫論方一卷
子部/醫家類/温病之屬/瘟疫
（清）戴天章著
民國六年（1917）上海昌明書局石印本
省圖

1151　廣瘟疫論四卷廣瘟疫論方一卷
子部/醫家類/温病之屬/瘟疫
（清）戴天章著
民國上海千頃堂書局石印本
川大

1152　寒疫合編歌括四卷
子部/醫家類/温病之屬/瘟疫
（清）王光甸編輯
民國二十六年（1937）成都正古堂刻本
成都　瀘州　川大　中醫大

1153　寒温條辨歌括不分卷
子部/醫家類/温病之屬/瘟疫
（□）□□撰
民国抄本
中醫大

1154　加批時病論八卷
子部/醫家類/温病之屬/瘟疫
（清）雷豐撰　（清）陳蓮舫批　江忍庵校
民國十二年（1923）廣益書局石印本
中醫大

1155　加批時病論八卷
子部/醫家類/温病之屬/瘟疫
（清）雷豐撰　（清）陳蓮舫批　江忍庵校
民國二十一年（1932）上海廣益書局石印本
中醫大

1156　急性險疫證治一卷
子部/醫家類/温病之屬/瘟疫
徐尚志著
民國九年（1920）徐壽華堂鉛印本
中醫大

1157　秋瘟證治要略一卷
子部/醫家類/温病之屬/瘟疫
曹炳章撰　徐有成校
民國八年（1919）紹興和濟藥局鉛印本
中醫大

1158　秋瘟證治要略一卷
子部/醫家類/温病之屬/瘟疫
曹炳章撰　徐有成校
民國抄本
中醫大

1159　時疫解惑論一卷
子部/醫家類/温病之屬/瘟疫
劉復撰
民國九年（1920）刻本
省圖　温江　中醫大

1160　時疫解惑論二卷
子部/醫家類/温病之屬/瘟疫
劉復著　劉方平參　劉志言校
民國二十年（1931）上海三友實業社鉛印本
省圖　成都　中醫大

1161　時疫解惑論二卷
子部/醫家類/温病之屬/瘟疫
劉復著　劉方平參　劉志言校
民國二十九年（1940）中國古醫學會鉛印本
中醫大

1162　傷寒瘟疫條辯六卷
子部/醫家類/温病之屬/瘟疫
（清）楊璿撰　（清）楊鼎編次
（清）郭善鄰參校
民國元年（1912）上海江東書局石印本
德陽

1163　傷寒瘟疫條辨六卷
子部/醫家類/温病之屬/瘟疫
（清）楊璿撰　（清）楊鼎編次
（清）郭善鄰參校
民國十一年（1922）上海錦章圖書局石印本
省圖　成都　樂山　中醫大

1164　傷寒瘟疫條辯六卷
子部/醫家類/温病之屬/瘟疫
（清）楊璿撰　（清）楊鼎編次
（清）郭善鄰參校
民國上海大成書局石印本
西昌

1165　刪補清太醫院治瘟速效瘟疫辨論一卷
子部/醫家類/温病之屬/瘟疫

（清）清太醫院醫原著 周禹錫刪補
民國二十四年（1935）隆昌文寶齋石印本
省圖

1166　瘟病要訣一卷
子部/醫家類/温病之屬/瘟疫
□□撰
民國積文石印社石印本
川大

1167　温熱暑疫全書四卷
子部/醫家類/温病之屬/瘟疫
（清）周揚俊輯 （清）薛雪校
（清）吴蒙校
民國上海千頃堂書局石印本
省圖 川大

1168　瘟痧證治要略不分卷
子部/醫家類/温病之屬/瘟疫
曹炳章撰
民國二十五年（1936）鉛印曹氏醫藥學叢書本
省圖 中醫大

1169　瘟疫明辨四卷末一卷
子部/醫家類/温病之屬/瘟疫
（清）鄭奠一著
民國商務印書館鉛印本
省圖

1170　瘟疫論二卷
子部/醫家類/温病之屬/瘟疫
（明）吴有性著
民國元年（1912）上海江東書局鉛印本
中醫大

1171　瘟疫論補注二卷
子部/醫家類/温病之屬/瘟疫
（明）吴有性著 （清）鄭重光補注
民國上海錦章圖書局石印本
省圖

1172　温疫條辨摘要一卷
子部/醫家類/温病之屬/瘟疫
（清）陳良佐析義 （清）楊璿條辨
（清）吕田集録
瀘州

1173　温疫明辨四卷方一卷
子部/醫家類/温病之屬/瘟疫
（清）戴天章著
省圖

1174　温疹述要一卷
子部/醫家類/温病之屬/瘟疫
袁勵楨編著
民國鉛印本
省圖

1175　濟世山房痧症醫案全集一卷
子部/醫家類/温病之屬/痧症
吴榮漳著 陶軒匯輯並圖注
民國二十六年（1937）新繁縣石印本
省圖

1176　痧麻明辨一卷
子部/醫家類/温病之屬/痧症
（清）華塤編輯 （清）華錕校字
民國十年（1921）上海千頃堂書局石印本
中醫大

1177　痧麻明辨一卷
子部/醫家類/温病之屬/痧症
（清）華壎編輯　（清）華錕校字
民國二十四年（1935）上海千頃堂書局石印本
省圖　樂山

1178　痧脹玉衡要略一卷
子部/醫家類/温病之屬/痧症
（清）郭志邃著
民國十一年（1922）遂寧兩益石印館石印本
三臺　中醫大

1179　痧脹玉衡書四卷
子部/醫家類/温病之屬/痧症
（清）郭志邃著
民國石印本
三臺

1180　痧症全書三卷痧症論一卷
子部/醫家類/温病之屬/痧症
（清）林森傳授　（清）王凱編輯　（清）胡杰校訂　&痧症論一卷　（清）胡杰輯
民國上海千頃堂書局石印本
省圖　川大　中醫大

1181　痧症全書三卷
子部/醫家類/温病之屬/痧症
（清）林森傳授　（清）王凱編輯
民國八年（1919）山西官書局重刻本
中醫大

1182　痧症秘録全書新編不分卷
子部/醫家類/温病之屬/痧症
楊靜安編
民國二十九年（1940）楊靜安抄本
中醫大

1183　痧症彙要四卷痧症指微一卷
子部/醫家類/温病之屬/痧症
（清）孫玘編輯　（清）何其偉校閱　&痧症指微一卷題　（清）釋普淨著　（清）奚佳楝述　（清）邱天序輯　（清）孫玘訂
民國十一年（1922）影印本
省圖

1184　痧症彙要四卷痧症指微一卷
子部/醫家類/温病之屬/痧症
（清）孫玘編輯　（清）何其偉校閱　&痧症指微一卷題　（清）釋普淨著　（清）奚佳楝述　（清）邱天序輯　（清）孫玘訂
民國十一年（1922）石印本
省圖

1185　疫痧草不分卷附痧喉闡解一卷
子部/醫家類/温病之屬/痧症
（清）陳耕道撰
民國財政部印刷局鉛印本
中醫大

1186　疫痧草辨論一卷
子部/醫家類/温病之屬/痧症
（清）陳耕道撰
民國十三年（1924）上海中醫書局石印本
中醫大

1187　疫痧二症合編十五卷
子部/醫家類/温病之屬/痧症
（清）劉奎等著
民國十二年（1933）上海千傾堂書局石印本
南充

1188　疫痙家庭自療集二卷
子部/醫家類/温病之屬/痧症
嚴雲著　徐亦仁等校
民國二十一年（1932）上海國光印書局鉛印家庭醫藥顧問社醫藥叢書本
省圖

1189　痢疾概述一卷
子部/醫家類/温病之屬/瘧痢
四川國醫學院述
民國三十年（1941）四川國醫學院藍格抄本
省圖

1190　痢疾論四卷
子部/醫家類/温病之屬/瘧痢
（清）孔毓禮著輯　（清）楊大任參閱　（清）陳元校
民國八年（1919）刻本
省圖

1191　痢疾論大全四卷
子部/醫家類/温病之屬/瘧痢
（清）孔以立輯
民國八年（1919）謙益堂刻本
中醫大

1192　痢疾論四卷附小兒急驚風證論白喉症論一卷
子部/醫家類/温病之屬/瘧痢
（清）孔毓禮著
民國二十五年（1936）上海千頃堂書局石印本
省圖　川大

1193　痢證匯參十卷
子部/醫家類/温病之屬/瘧痢
（清）吴道源輯
民國七年（1918）上海千頃堂書局石印本
川大　中醫大

1194　痢症探源一卷
子部/醫家類/温病之屬/瘧痢
（清）劉瑩輯著
民國刻本
省圖　中醫大

1195　痢症探源不分卷
子部/醫家類/温病之屬/瘧痢
（清）劉瑩輯著
民國抄本
三臺

1196　瘧疾探源論一卷
子部/醫家類/温病之屬/瘧痢
敖士梁著
民國十三年（1924）石印本
省圖

1197　瘧疾探源論一卷
子部/醫家類/温病之屬/瘧痢
敖士梁著

民國影印本
省圖

1198 痢證特啓論一卷
子部/醫家類/温病之屬/瘧痢
（清）熊家驥著
民國三十七年（1948）四川永川縣瑞華隆石印本
中醫大

1199 瘧疾學不分卷
子部/醫家類/温病之屬/瘧痢
梁乃津著
民國鉛印本
省圖

1200 瘧疾論三卷
子部/醫家類/温病之屬/瘧痢
（清）韓善征撰
民國刻本
達州

1201 秋季痢疾一卷
子部/醫家類/温病之屬/瘧痢
（□）□□撰
抄本
中醫大

1202 治痢新論一卷
子部/醫家類/温病之屬/瘧痢
（□）□□撰
民國抄本
成都

1203 傳染病全書一卷
子部/醫家類/温病之屬/其他温疫病證
余雲岫　劉崇燕述
民國十一年（1922）上海商務印書館鉛印本
南充

1204 傳染病護病法一卷
子部/醫家類/温病之屬/其他温疫病證
（□）DR. ETHEL ROWLEY 撰
民國十三年（1924）上海廣學書局鉛印本
安州區

1205 傳染病八種證治晰疑十卷
子部/醫家類/温病之屬/其他温疫病證
（清）曹巽軒纂
民國鉛印本
中醫大

1206 霍亂病治療驗方一卷
子部/醫家類/温病之屬/其他瘟疫病證
劉秉衡擬
民國石印本
省圖

1207 霍亂病治療驗方一卷
子部/醫家類/温病之屬/其他瘟疫病證
劉秉衡擬
民國三十四年（1945）崇慶縣政府石印本
省圖

1208　霍亂論二卷
子部/醫家類/温病之屬/其他瘟疫病證
（清）王士雄述
民國新新公司鉛印本
省圖　成都　瀘州　川大

1209　霍亂論二卷
子部/醫家類/温病之屬/其他瘟疫病證
（清）王士雄述
民國大昌公司鉛印本
省圖　中醫大

1210　霍亂論二卷
子部/醫家類/温病之屬/其他瘟疫病證
（清）王士雄述
民國上海錦章圖書局石印本
川博

1211　霍亂論二卷
子部/醫家類/温病之屬/其他瘟疫病證
（清）王士雄述
民國油印本
省圖

1212　霍亂證與痧證鑒别及治療法不分卷
子部/醫家類/温病之屬/其他瘟疫病證
冉劍虹撰
民國八年（1919）武昌長街文藻齋鉛印本
省圖

1213　霍亂症防治法一卷
子部/醫家類/温病之屬/其他瘟疫病證
富順縣縣政府輯
民國二十三年（1934）富順縣政府鉛印本
省圖

1214　隨息居重訂霍亂論四卷附霍亂括要一卷
子部/醫家類/温病之屬/其他瘟疫病證
（清）王士雄纂　&霍亂括要一卷（清）岳晋昌撰
民國三年（1914）上海文瑞樓石印本
省圖　中醫大

1215　隨息居重訂霍亂論四卷
子部/醫家類/温病之屬/其他瘟疫病證
（清）王士雄纂
民國三年（1914）上海千頃堂書局石印本
成都

1216　隨息居重訂霍亂論四卷
子部/醫家類/温病之屬/其他瘟疫病證
（清）王士雄纂
民國上海錦章圖書局石印本
安州區

1217　隨息居重訂霍亂論四卷
子部/醫家類/温病之屬/其他瘟疫病證
（清）王士雄纂
民國鉛印本
瀘州

1218　傷寒論霍亂訓解三卷附章太炎霍亂論評注一卷
子部/醫家類/温病之屬/其他瘟疫病症
劉復著　劉文揚參　張亦相校
民國上海三友實業社鉛印本
省圖

1219　傷寒論霍亂訓解二卷附章太炎霍亂論評注一卷
子部/醫家類/温病之屬/其他瘟疫病症
劉復著　劉文揚參　張亦相校
民國二十年（1931）中國古醫學會鉛印本
省圖　中醫大

1220　興化實濟局霍亂論一卷
子部/醫家類/温病之屬/其他温疫病證
（清）江曲春撰
抄本
中醫大

1221　温病鼠疫問題解決合篇
子部/醫家類/温病之屬/其他温疫病證
冉劍虹撰
民國七年（1918）武昌長街文藻齋鉛印本
省圖

内科之屬

1222　編輯雜病心法要訣五卷
子部/醫家類/内科之屬
（□）□□撰
民國十四年（1925）上海鴻寶齋書局石印本
安州區

1223　風濕症條例一卷
子部/醫家類/内科之屬
（□）□□著
抄本
崇州

1224　風勞鼓病論三卷
子部/醫家類/内科之屬
惲鐵樵著　章巨膺校
民國三十年（1941）章巨膺鉛印本
省圖

1225　呼吸器病一卷
子部/醫家類/内科之屬
余岩述
民國石印本
省圖

1226　内外功圖説輯要二卷

子部/醫家類/内科之屬
席錫藩集輯
民國八年（1919）石印本
中醫大

1227　内科易知一卷
子部/醫家類/内科之屬
中華書局編輯
民國九年（1920）中華書局鉛印本
省圖　樂山

1228　内科學講義二卷
子部/醫家類/内科之屬
秦伯未著
民國鉛印本
省圖　樂山

1229　脾胃論三卷
子部/醫家類/内科之屬
（金）李杲撰
民國刻本
川大

1230　失血大法一卷
子部/醫家類/内科之屬
（清）楊鳳庭識　（清）劉棢文參訂
民國守經堂刻本
省圖　西昌　川大

1231　失血大法一卷
子部/醫家類/内科之屬
（清）楊鳳庭識　（清）劉棢文參訂
抄本
中醫大

1232　證治彙補八卷
子部/醫家類/内科之屬
（清）李用粹著　（清）唐玉書校　（清）袁謙校　（清）李謨校　（清）李誥校
民國中華書局石印本
省圖　中醫大

1233　重訂中風斠詮三卷
子部/醫家類/内科之屬/中風
張壽頤纂輯　張文彦評點
民國二十二年（1933）蘭溪協記書莊鉛印本
省圖　川大　中醫大

1234　重訂中風斠詮三卷
子部/醫家類/内科之屬/中風
張壽頤纂輯　張文彦評點
民國嘉定張氏體仁堂石印本
西昌

1235　卒中輯要一卷厥證輯要一卷
子部/醫家類/内科之屬/中風
姚濟蒼編
民國十七年（1928）北京天華館鉛印本
省圖　成都　西昌　中醫大　川師大

1236　中風論一卷
子部/醫家類/内科之屬/中風
（清）熊笏輯　（清）陳念祖定　吴錫璜删補　吴樹萱等校　蘇式經校訂
民國十一年（1922）上海文瑞樓石印本
省圖　南充　中醫大

1237　不居集上集三十卷首一卷下集二十卷首一卷
子部/醫家類/内科之屬/虚勞
（清）吴澄著輯　秦伯未校訂

民國二十四年（1935）國光印書局鉛印本
省圖 中醫大

1238 補虚辨惑論一卷附馬脾風治驗録一卷
子部/醫家類/内科之屬/虚勞
鄒仲彝著
民國石印本
省圖

1239 補虚辨惑論一卷
子部/醫家類/内科之屬/虚勞
鄒仲彝著
民國二十九年（1940）石印本
省圖 瀘州 川大

1240 十藥神書注解一卷
子部/醫家類/内科之屬/虚勞
（清）葛可久編
民國石印本
達州

1241 十藥神書批注全卷一卷
子部/醫家類/内科之屬/虚勞
（清）陳念祖注
民國上海錦章圖書局石印本
川博

1242 脚氣治法總要二卷
子部/醫家類/内科之屬/其他内科病證
（宋）董汲著
民國二十四年（1935）上海商務印書館影印本
南充 富順 中江 西南交大 川博 省委黨校

1243 精神病廣義二卷
子部/醫家類/内科之屬/其他内科病證
周岐隱著
民國二十年（1931）四明怡怡書屋鉛印本
省圖 中醫大

1244 血證論八卷
子部/醫家類/内科之屬/其他内科病症
（清）唐宗海撰
民國二十四年（1935）上海千頃堂書局鉛印本
綿陽 達州

1245 血症療養法一卷
子部/醫家類/内科之屬/其他内科病症
吴超明著
民國三十五年（1946）石印本
省圖

1246 楊西山失血大法一卷
子部/醫家類/内科之屬/其他内科病症
（清）楊鳳庭撰 （清）劉椬文參訂
民國守經堂刻本
省圖 温江

1247 雜病心法要訣一卷
子部/醫家類/内科之屬/其他内科病症
（□）□□撰
民國抄本
省圖

1248　痔漏述略一卷
子部/醫家類/内科之屬/其他内科病症
黃濟川撰
一九五四年校稿本
省圖

1249　專治血症經驗良方論不分卷
子部/醫家類/内科之屬/其他内科病證
（清）潘為縉著　（清）趙光弼校
民國二十一年（1932）上海萬有書局石印本
中醫大

1250　專治血症經驗良方論不分卷
子部/醫家類/内科之屬/其他内科病證
（清）潘為縉著　（清）趙光弼校
民國二十一年（1932）上海千頃堂書局石印本
西昌

1251　專治血症經驗良方論一卷
子部/醫家類/内科之屬/其他内科病症
（清）潘為縉著　（清）趙光弼校
民國麟振堂影印本
省圖

1252　證治因時録五卷
子部/醫家類/内科之屬/其他内科病證
（□）□□輯
民國抄本
中醫大

婦科之屬

1253　重訂沈氏女科輯要箋正二卷目録一卷
子部/醫家類/婦科之屬
（清）沈又彭原輯　（清）徐靄輝簽注　（清）王士雄校刊原本　張壽頤箋正
民國二十三年（1934）中醫學校邵樂山鉛印本
中醫大

1254　重訂沈氏女科輯要箋正二卷目録一卷
子部/醫家類/婦科之屬
（清）沈又彭原輯　（清）徐靄輝簽注　（清）王士雄校刊原本　張壽頤箋正
民國二十三年（1934）上海中醫書局鉛印本
省圖

1255　重訂沈氏女科輯要箋正二卷目録一卷
子部/醫家類/婦科之屬

（清）沈又彭原輯　（清）徐靄輝箋注　（清）王士雄校刊原本　張壽頤箋正
民國二十三年（1934）浙江蘭溪協記書莊鉛印本
省圖

1256　大生要旨五卷
子部/醫家類/婦科之屬
（清）唐千頃著　（清）馬振蕃續增
民國三年（1914）上海錦章圖書局石印本
自貢　瀘州　安州區

1257　大生要旨五卷
子部/醫家類/婦科之屬
（清）唐千頃撰　（清）馬振蕃續增
民國十五年（1926）中國紅十字會瀘縣分會刻本
南充

1258　大生要旨五卷
子部/醫家類/婦科之屬
（清）唐千頃著　（清）馬振蕃續增
民國掃葉山房刻本
南充

1259　婦科不謝方不分卷
子部/醫家類/婦科之屬
周岐隱纂録
民國二十年（1931）寧波印刷公司鉛印本
中醫大

1260　婦女保險書四卷
子部/醫家類/婦科之屬
况庚星著　劉元勛參校
民國十八年（1929）石印本
省圖

1261　婦女保險書四卷
子部/醫家類/婦科之屬
况庚星著　劉元勛參校
民國十八年（1929）重慶石印本
省圖

1262　婦科大略不分卷
子部/醫家類/婦科之屬
惲鐵樵撰
民國三十年（1941）章巨膺鉛印本
中醫大

1263　婦科秘方一卷
子部/醫家類/婦科之屬
（清）竹林寺僧撰
抄本
瀘州

1264　婦科學講義一卷
子部/醫家類/婦科之屬
喬君實撰
民國二十一年（1932）有記文華印字館鉛印本
省圖

1265　婦科學不分卷
子部/醫家類/婦科之屬
喬君實編
民國成都市國醫講習所鉛印本
省圖

1266　婦科易知不分卷
子部/醫家類/婦科之屬

中華書局編輯
民國九年（1920）上海中華書局鉛印本
省圖

1267　婦科易知不分卷
子部/醫家類/婦科之屬
中華書局編輯
民國十五年（1926）上海中華書局鉛印本
省圖

1268　婦科諸論二卷
子部/醫家類/婦科之屬
（□）□□著
抄本
新都

1269　婦女雜症一卷
子部/醫家類/婦科之屬
（□）□□撰
民國抄本
省圖

1270　婦嬰至寶六卷
子部/醫家類/婦科之屬
（清）亟齋居士原編　（清）三農老人附注　（清）徐尚彗原刊　（清）拜松居士增訂
民國上海廣益書局石印本
中醫大

1271　婦人良方六卷
子部/醫家類/婦科之屬
（宋）陳自明編　（明）薛己注
民國九年（1920）上海錦章圖書局石印本
省圖　中醫大

1272　傅青主女科二卷
子部/醫家類/婦科之屬
（清）傅山撰
民國鉛印本
瀘州　巴州區　中醫大

1273　傅青主女科二卷附産後編二卷
子部/醫家類/婦科之屬
（清）傅山撰
民國上海啓新書局石印本
安州區

1274　濟陰綱目十四卷
子部/醫家類/婦科之屬
（清）武之望輯注　（清）汪淇箋釋
民國十七年（1928）刻本
成都　南溪區　川大

1275　濟陰綱目十四卷附保生瑣事一卷
子部/醫家類/婦科之屬
（清）武之望輯注　（清）汪淇箋釋 &附保生碎事一卷　（清）汪淇論定
民國上海錦章圖書局石印本
安州區

1276　濟陰綱目十四卷附保生碎事一卷
子部/醫家類/婦科之屬
（清）武之望輯注　（清）汪淇箋釋 &附保生碎事一卷　（清）汪淇論定
民國上海校經山房石印本
中醫大

1277　精校竹林女科五卷
子部/醫家類/婦科之屬
（□）□□撰
民國上海錦章圖書局石印本
南充

1278　女科秘訣大全五卷
子部/醫家類/婦科之屬
（清）陳蓮舫編訂
民國十二年（1923）上海廣益書局石印本
省圖

1279　女科經綸八卷
子部/醫家類/婦科之屬
（清）蕭壎著　（清）蕭鋐等校
（清）金大起等參訂
民國二十六年（1937）上海千頃堂書局鉛印本
中醫大

1280　女科經綸八卷
子部/醫家類/婦科之屬
（清）蕭壎著　（清）蕭鋐等校
（清）金大起等參訂
民國二十六年（1937）東籬書屋石印本
省圖

1281　女科經綸八卷
子部/醫家類/婦科之屬
（清）蕭壎著　（清）蕭鋐等校
（清）金大起等參訂
民國二十六年（1937）影印本
省圖

1282　女科輯要二卷
子部/醫家類/婦科之屬
（清）沈又彭撰
民國浙江蘭谿中醫專門學校鉛印本
西昌

1283　女科輯要八卷附胎産全書一卷
子部/醫家類/婦科之屬
（清）周紀常纂輯 &胎産全書一卷（清）單養賢著
民國上海千頃堂書局石印本
省圖

1284　女科二卷
子部/醫家類/婦科之屬
（清）傅青主撰
抄本
温江

1285　女科秘旨八卷
子部/醫家類/婦科之屬
（清）釋輪應纂　（清）吴煜校訂
民國二十三年（1934）上海中醫書局影印本
省圖　樂山　川大　中醫大

1286　女科秘旨八卷
子部/醫家類/婦科之屬
（清）釋輪應纂　（清）吴煜校訂
民國影印清光緒六年（1880）靜益山房本
省圖

1287　女科仙方四卷
子部/醫家類/婦科之屬

（清）傅山撰
民國成都正古書局刻本
中醫大

1288　女科要旨四卷附華佗神方秘傳一卷
子部/醫家類/婦科之屬
（清）陳念祖撰
民國抄本
中醫大

1289　女科要旨四卷
子部/醫家類/婦科之屬
（清）陳念祖撰　（清）陳元蔚參訂　（清）陳元犀韻注　（清）陳心典校　（清）陳心蘭校
民國上海廣益書局石印本
省圖　成都　安州區

1290　女科要旨四卷
子部/醫家類/婦科之屬
（清）陳念祖撰　（清）陳元蔚參訂　（清）陳元犀韻注　（清）陳心典校　（清）陳心蘭校
民國上海錦章圖書局石印本
遂寧　達州　西昌

1291　女科準繩五卷
子部/醫家類/婦科之屬
（明）王肯堂著
民國石印本
安州區

1292　仁壽鏡四卷
子部/醫家類/婦科之屬
（清）孟葑輯
民國重慶中西書局鉛印本
省圖

1293　石函嘉秘婦科良方不分卷附婦科證方括歌不分卷
子部/醫家類/婦科之屬
（清）鶴洲野人編輯 &婦科證方括歌不分卷　（清）廖富齡編輯
民國三十六年（1947）抄本
省圖

1294　實用女科學一卷
子部/醫家類/婦科之屬
王景虞編輯　李斯熾校
民國國醫學院鉛印本
中醫大

1295　生育良方一卷
子部/醫家類/婦科之屬
倪伯惠撰
民國石印本
瀘州

1296　沈氏女科輯要箋正二卷勘誤補正記一卷
子部/醫家類/婦科之屬
（清）沈堯封原本　張壽頤箋正
民國蘭溪協記書莊鉛印本
川大

1297　退思廬女科證治約旨四卷
子部/醫家類/婦科之屬
嚴鴻志輯　嚴智鶴校字
民國上海千傾堂書局石印本
中醫大

1298　退思廬女科精華三卷
子部/醫家類/婦科之屬
嚴鴻志輯　嚴智鶴校字
民國上海千頃堂書局石印本
中醫大

1299　新編女科指掌五卷
子部/醫家類/婦科之屬
（清）葉其蓁編
民國上海錦章圖書局石印本
成都　南充　中醫大

1300　葉氏女科證治四卷
子部/醫家類/婦科之屬
（清）葉桂撰
民國三年（1914）上海章福記書局石印本
中醫大

1301　葉氏女科證治四卷
子部/醫家類/婦科之屬
（清）葉桂撰
民國上海錦章圖書局石印本
中醫大

1302　葉氏女科證治四卷
子部/醫家類/婦科之屬
（清）葉桂撰
民國石印本
省圖　成都　中醫大

1303　葉天士女科醫案一卷附論脉二則
子部/醫家類/婦科之屬
（清）葉桂撰　陸士諤編輯
民國二十四年（1935）上海世界書局石印本
省圖

1304　葉天士女科醫案一卷
子部/醫家類/婦科之屬
（清）葉桂撰　陸士諤編輯
民國十三年（1924）上海世界書局石印本
中醫大

1305　葉天士女科醫案一卷
子部/醫家類/婦科之屬
（清）葉桂撰　陸士諤編輯
民國二十四年（1935）上海廣文書局石印本
省圖　成都

1306　育麟全書十二章
子部/醫家類/婦科之屬
惟一子著
民國十年（1921）鉛印本
川大

1307　增廣大生集成五卷
子部/醫家類/婦科之屬
（清）唐千頃纂
民國二年（1913）華陽張氏淵雅堂刻本
中醫大

1308　增廣大生要旨五卷
子部/醫家類/婦科之屬
（清）唐千頃撰　（清）葉灝增訂　（清）張篤重刊
民國二年（1913）華陽張氏淵雅堂刻本
省圖　新都　中醫大

1309　增補大生要旨五卷

子部/醫家類/婦科之屬

（清）唐千頃纂　（清）馬振蕃續增

民國自井美新印刷公司鉛印本

省圖　中醫大

1310　增廣達生要旨五卷首二卷

子部/醫家類/婦科之屬

周登庸纂輯

民國上海明善書局石印本

安州區

1311　增補大生要旨五卷經驗各種秘方輯要一卷

子部/醫家類/婦科之屬

（清）唐千頃纂　（清）馬振蕃續增

民國上海宏大善書局石印本

瀘州

1312　增補繪圖胎產心法

子部/醫家類/婦科之屬

（清）閻純璽撰

民國元年（1912）上海江東書局石印本

敘永

1313　增注蕭山竹林寺一百二十症婦科秘方一卷

子部/醫家類/婦科之屬

（清）竹林寺僧著　史濟綱增注

民國二十一年（1932）上海萬有書局影印本

省圖　西昌

1314　中西合纂婦科大全七卷

子部/醫家類/婦科之屬

顧鳴盛輯　馬小琴校閱

民國十一年（1922）上海大東書局石印本

省圖

1315　最新婦科學全書二卷

子部/醫家類/婦科之屬

蔡鵬雲著　蔡實秋　蔡焯英　蔡煜英參校

民國二十二年（1933）汕頭新國醫傳習所鉛印本

省圖　中醫大

1316　産寶一卷

子部/醫家類/婦科之屬/産科

（清）倪枝維撰

民國刻本

省圖

1317　産後編二卷

子部/醫家類/婦科之屬/産科

（清）傅山撰

民國鉛印本

温江

1318　産科學不分卷

子部/醫家類/婦科之屬/産科

□□撰

民國四川國醫學院鉛印本

中醫大

1319　産科新法一卷

子部/醫家類/婦科之屬/産科

（□）□□撰

民國鉛印本

青羊

1320　達生編一卷
子部/醫家類/婦科之屬/産科
（清）亟齋居士撰
民國九年（1920）上海錦章圖書局石印本
中醫大

1321　達生編一卷
子部/醫家類/婦科之屬/産科
（清）亟齋居士撰
民國十二年（1923）刻本
成都

1322　達生編一卷
子部/醫家類/婦科之屬/産科
（清）亟齋居士撰
民國十七年（1928）成都青石橋北街鐘尚古堂刻本
成都

1323　達生編一卷
子部/醫家類/婦科之屬/産科
（清）亟齋居士撰
民國成都鼓樓南街馮豐記石印社石印本
郫都

1324　達生編一卷
子部/醫家類/婦科之屬/産科
（清）亟齋居士撰
民國日新印刷工業社鉛印本
富順

1325　達生編二卷
子部/醫家類/婦科之屬/産科
（清）亟齋居士撰
民國十八年（1929）成都古臥龍橋王成文齋鉛印本
綿陽

1326　達生編二卷附保産機要一卷保嬰秘笈一卷
子部/醫家類/婦科之屬/産科
（清）亟齋居士撰 &保嬰秘笈一卷（□）□□撰
民國十七年（1928）成都蜀西培本孤兒教養院石印科石印本
省圖　廣元　仁壽

1327　達生編三卷
子部/醫家類/婦科之屬/産科
（清）亟齋居士撰
民國鉛印本
省圖

1328　達生全編二卷
子部/醫家類/婦科之屬/産科
（清）亟齋居士撰
民國十一年（1922）上海尚古山房石印本
省委黨校

1329　大士救産真言一卷
子部/醫家類/婦科之屬/産科
（□）□□撰
民國石印本
省圖

1330　懷胎歌一卷
子部/醫家類/婦科之屬/産科
（□）□□撰
民國協記書莊刻本
成都

1331　經效産寶三卷續編一卷
子部/醫家類/婦科之屬/産科
（唐）昝殷撰集
民國影宋本
省圖

1332　救産真言不分卷
子部/醫家類/婦科之屬/産科
（□）□□撰
民國上海宏大善書總發行所石印本
省圖

1333　生生寶籙三卷附生生外録一卷
子部/醫家類/婦科之屬/産科
（清）袁於江纂並集　&生生外籙一卷　（清）胡瀛國等著
民國五年（1916）仁願堂鉛印本
省圖　安州區　川大　中醫大

1334　胎産指南七卷首一卷末一卷
子部/醫家類/婦科之屬/産科
（清）單南山撰
民國八年（1919）紹興醫藥學報社鉛印本
中醫大

1335　胎産心法三卷
子部/醫家類/婦科之屬/産科
（清）閻純璽著
民國上海大成書局石印本
中醫大

1336　胎産心法三卷
子部/醫家類/婦科之屬/産科
（清）閻純璽撰
民國石印本
瀘州

1337　胎産心法三卷
子部/醫家類/婦科之屬/産科
（清）閻純璽著
抄本
省圖

1338　胎産秘書四卷
子部/醫家類/婦科之屬/産科
（清）陳笏庵撰
民國大成書局石印本
達州　富順

1339　胎生學要領六章
子部/醫家類/婦科之屬/産科
黄島晴編著　黄芥舟校閲
民國二十年（1931）成都女子助産學校鉛印本
省圖

1340　胎生學要領六章
子部/醫家類/婦科之屬/産科
黄島晴編著　黄芥舟校閲
民國二十年（1931）成都球新印刷廠鉛印本
省圖　川大

1341　胎生學要領六章
子部/醫家類/婦科之屬/産科
黄島晴編著　黄芥舟校閲
民國二十一年（1932）成都球新印刷廠鉛印本

省圖

1342　新編保生録要一卷
子部/醫家類/婦科之屬/産科
静安山人纂輯　王桂林訂正
民國十六年（1927）重慶中西鉛石印局鉛印本
省圖

1343　詳要胎産問答一卷附管氏兒女至寶一卷
子部/醫家類/婦科之屬/産科
（清）亟齋居士原編　三農老人附注　&管氏兒女至寶一卷　（清）管斯駿編輯
民國二十年（1931）瀘州益明石印書局石印本
川大

1344　男女性原論一卷
子部/醫家類/婦科之屬/廣嗣
（英國）德森氏著　羅氏述
民國中華書局鉛印本
省圖

1345　續嗣珍寶一卷
子部/醫家類/婦科之屬/廣嗣
白雲居士輯
民國二十一年（1932）鉛印本
省圖

兒科之屬

1346　保赤新書八卷
子部/醫家類/兒科之屬
惲樹玨著
民國十九年（1930）惲鐵樵醫寓鉛印本
中醫大

1347　保嬰撮要二十卷
子部/醫家類/兒科之屬
（明）薛鎧輯
民國上海大成書局石印本
中醫大

1348　保嬰要言八卷
子部/醫家類/兒科之屬
（清）王德森編
民國十五年（1926）刻本
省圖　中醫大

1349　保嬰要言八卷
子部/醫家類/兒科之屬
（清）王德森編
民國十五年（1926）四明樂善堂刻本
省圖　中醫大

1350　保育法不分卷
子部/醫家類/兒科之屬
（□）□□輯
民國新南印刷局石印本
南充

1351　鼎鍥幼幼集成六卷
子部/醫家類/兒科之屬
（清）陳復正輯訂　（清）劉一勷校正　（清）周宗頤參定
民國元年（1912）上海會文堂書局石印本
成都

1352　鼎鍥幼幼集成六卷
子部/醫家類/兒科之屬
（清）陳復正輯訂　（清）劉一勷校正　（清）周宗頤參定
民國二年（1913）上海章福記書局石印本
瀘州　劍閣　中醫大　省委黨校

1353　鼎鍥幼幼集成六卷
子部/醫家類/兒科之屬
（清）陳復正輯訂　（清）劉一勷校正　（清）周宗頤參定
民國六年（1917）上海錦章圖書局影印本
省圖　中醫大

1354　鼎鍥幼幼集成六卷
子部/醫家類/兒科之屬
（清）陳復正輯訂　（清）劉一勷校正　（清）周宗頤參定
民國十四年（1925）上海鑄記書局石印本
省圖

1355　兒科必讀二卷
子部/醫家類/兒科之屬
（□）□□撰
民國上海明善書局石印本
高縣

1356　兒科易知一卷
子部/醫家類/兒科之屬
中華書局編輯
民國十五年（1926）上海中華書局鉛印本
省圖　新都

1357　兒科易知一卷
子部/醫家類/兒科之屬
中華書局編
民國鉛印本
省圖

1358　兒科講義不分卷
子部/醫家類/兒科之屬
潘國賢編
民國四川國醫學院鉛印本
中醫大

1359　兒科輯要四卷
子部/醫家類/兒科之屬
姚濟蒼集
民國十九年（1930）成都文華印字館鉛印本
省圖

1360　兒科輯要四卷
子部/醫家類/兒科之屬
姚濟蒼著
民國十九年（1930）北京天華館鉛印本
南充

1361　兒科概要不分卷
子部/醫家類/兒科之屬
楊白鹿述

民國四川國醫學院鉛印本
中醫大

1362　兒科萃精八卷
子部/醫家類/兒科之屬
陳守真著
民國十九年（1930）漢口漢康印書局鉛印本
省圖　中醫大

1363　福幼編一卷
子部/醫家類/兒科之屬
（清）莊一夔著
民國鉛印本
省圖　中醫大

1364　何廉臣兒科診斷學二卷
子部/醫家類/兒科之屬
何廉臣撰
民國影印本
西昌

1365　活幼心法八卷末一卷
子部/醫家類/兒科之屬
（明）聶尚恒撰
民國上海千傾堂書局石印本
中醫大

1366　驚風痘疹秘本一卷
子部/醫家類/兒科之屬
（□）□□撰
民國抄本
省圖

1367　經驗小兒雜症一卷
子部/醫家類/兒科之屬
（□）□□撰
抄本
中醫大

1368　錢氏兒科案疏二卷
子部/醫家類/兒科之屬
（宋）錢乙著　（宋）閻季忠編次　（清）何光華校
民國十五年（1926）上海大東書局鉛印本
省圖　中醫大

1369　錢氏兒科案疏二卷
子部/醫家類/兒科之屬
（宋）錢乙著　（宋）閻季忠編次　（清）何光華校
民國二十一年（1932）上海大東書局鉛印本
瀘州　中醫大

1370　錢氏兒科案兩編不分卷
子部/醫家類/兒科之屬
（宋）錢乙著　（宋）閻季忠編次　（清）何光華校
民國上海大東書局鉛印本
省圖

1371　錢氏小兒藥證直訣三卷附閻孝忠小兒方論箋正一卷董及之斑疹方論箋正一卷
子部/醫家類/兒科之屬
（宋）錢乙著（宋）閻季忠編次 張壽頤箋正 &閻孝忠小兒方論箋正一卷（宋）閻孝忠著 張壽頤箋正 &董及之斑疹方論箋正一卷（宋）董汲著 張壽頤箋正
民國十九年（1930）蘭谿協記書莊

鉛印本
川大

1372　錢氏小兒藥證直訣三卷附方一卷董氏小兒斑疹備急方論一卷
子部/醫家類/兒科之屬
（宋）閻孝忠集 &附方一卷 （宋）閻孝忠著 &董氏小兒斑疹備急方論一卷 （宋）董汲之著
民國影印本
川大

1373　錢氏小兒藥證直訣三卷附方並説一卷錢仲陽傳一卷董氏小兒斑疹備急方論一卷
子部/醫家類/兒科之屬
（宋）錢乙撰 &附方並説 （宋）閻孝忠撰 &錢仲陽傳 （宋）劉跂撰 &董氏小兒斑疹備急方論（宋）董汲論次
民國十三年（1924）蘭陵堂刻本
省圖

1374　小兒保險書五卷
子部/醫家類/兒科之屬
况庚星著
民國十八年（1929）三臺文芳齋刻字鋪刻本
省圖

1375　小兒耳鼻咽喉病學不分卷
子部/醫家類/兒科之屬
（英國）格思烈　譚世鑫譯
民國二十二年（1933）上海廣學書局鉛印本
省圖 川大

1376　小兒脉訣一卷
子部/醫家類/兒科之屬
（□）□□撰
抄本
中醫大

1377　小兒門二十四驚推法歌一卷
子部/醫家類/兒科之屬
（□）□□輯
抄本
三臺

1378　小兒科一卷
子部/醫家類/兒科之屬
（□）□□撰
民國抄本
三臺

1379　小兒推拿廣意三卷
子部/醫家類/兒科之屬
（清）熊應雄輯 （清）陳世凱重訂
民國七年（1918）上海錦章圖書局石印本
省圖

1380　小兒推拿廣意三卷
子部/醫家類/兒科之屬
（清）熊應雄輯 （清）陳世凱重訂
民國石印本
省圖

1381　小兒推拿附方不分卷
子部/醫家類/兒科之屬
（□）□□輯
民國鉛印本
川大

1382　小兒推拿圖説不分卷
子部/醫家類/兒科之屬
（□）□□ 撰
抄本
新都

1383　小兒衛生總微論方二十卷附校記一卷
子部/醫家類/兒科之屬
（□）□□撰
民國十三年（1924）蘭陵堂刻本
省圖

1384　小兒藥症直訣三卷附方一卷小兒斑疹備急方論一卷閻氏小兒方論一卷
子部/醫家類/兒科之屬
（宋）錢乙著 （宋）閻孝忠編次 &小兒斑疹備急方論一卷 （宋）董汲著 &閻氏小兒方論一卷 （宋）閻孝忠著
民國四年（1915）上海千頃堂書局石印本
川大

1385　小兒藥症直訣三卷附方一卷小兒斑疹備急方論一卷閻氏小兒方論一卷
子部/醫家類/兒科之屬
（宋）錢乙著 （宋）閻孝忠編次 &小兒斑疹備急方論一卷 （宋）董汲著 &閻氏小兒方論一卷 （宋）閻孝忠著
民國二十年（1931）上海千頃堂書局石印本
省圖 中醫大

1386　四川省醫學總會痘科講習所講義一卷
子部/醫家類/兒科之屬
何龍舉編輯
民國石印本
省圖

1387　宋本小兒藥證直訣注三卷附方一卷
子部/醫家類/兒科之屬
（宋）錢乙著 張驥輯
民國二十四年（1935）成都汲古醫學叢書本
中醫大

1388　天花精言六卷
子部/醫家類/兒科之屬
（清）袁句著
民國十八年（1929）黄碧楊書穜樓鉛印本
省圖 中醫大

1389　新刊萬氏家傳幼科發揮二卷
子部/醫家類/兒科之屬
（明）萬全著
民國二十六年（1937）醫界春秋社影印本
中醫大

1390　新纂兒科診斷學八卷
子部/醫家類/兒科之屬
何廉臣撰述 何幼廉校 何筱廉校
民國十四年（1925）上海大東書局鉛印本
省圖 樂山 中醫大

1391　葉天士幼科醫案一卷
子部/醫家類/兒科之屬
（清）葉桂撰　陸士諤編輯
民國十年（1921）世界書局石印本
中醫大

1392　葉天士幼科醫案一卷
子部/醫家類/兒科之屬
（清）葉桂撰　陸士諤編輯
民國十二年（1923）上海廣文書局石印本
省圖

1393　葉天士幼科醫案一卷
子部/醫家類/兒科之屬
（清）葉桂撰　陸士諤編輯
民國十二年（1923）上海世界書局石印本
省圖　中醫大

1394　嬰童百問十卷
子部/醫家類/兒科之屬
（明）魯伯嗣著
民國八年（1919）上海大東書局石印本
中醫大

1395　幼科法戒録一卷
子部/醫家類/兒科之屬
劉恕撰
民國十九年（1930）鉛印本
省圖

1396　幼科三卷
子部/醫家類/兒科之屬
（宋）錢仲陽箋正
民國浙江蘭谿中醫專門學校鉛印本
西昌

1397　幼科鐵鏡二卷
子部/醫家類/兒科之屬
（清）夏鼎著　（清）夏鐸等參
民國元年（1912）上海校經山房石印本
省圖

1398　幼科鐵鏡二卷
子部/醫家類/兒科之屬
（清）夏鼎著　（清）夏鐸等參
民國三年（1914）上海錦章圖書局石印本
中醫大

1399　幼科鐵鏡二卷
子部/醫家類/兒科之屬
（清）夏鼎著　（清）夏鐸等參
民國六年（1917）上海章福記書局石印本
南充

1400　幼科鐵鏡二卷
子部/醫家類/兒科之屬
（清）夏鼎著　（清）夏鐸等參
民國上海鑄記書局石印本
中醫大

1401　幼科醫學指南四卷
子部/醫家類/兒科之屬
（清）周震撰
民國上海千頃堂書局石印本
川大　中醫大

1402　幼科醫學指南四卷
子部/醫家類/兒科之屬
（明）周震著
民國上海益新書局石印本
中醫大

1403　鬻嬰提要説一卷
子部/醫家類/兒科之屬
（清）張振鋆輯
民國聚昌公司鉛印本
成都

1404　舟仙瘄述三卷
子部/醫家類/兒科之屬
劉舟仙纂
民國鉛印本
省圖　中醫大

1405　增補秘傳痘疹玉髓金鏡録四卷首一卷
子部/醫家類/兒科之屬
（明）翁仲仁輯著　（清）仇天一參閲
民國三年（1914）上海校經山房石印本
省圖

1406　增補秘傳痘疹玉髓金鏡録四卷首一卷
子部/醫家類/兒科之屬
（明）翁仲仁輯著　（清）仇天一參閲
民國六年（1917）上海章福記書局石印本
南充

1407　增補秘傳痘疹玉髓金鏡録四卷首一卷
子部/醫家類/兒科之屬
（明）翁仲仁輯著　（清）仇天一參閲
民國上海錦章圖書局石印本
省圖

1408　增廣保嬰要旨一卷
子部/醫家類/兒科之屬
（清）敏蘭居士輯　（清）拜松居士增訂
民國石印本
成都

1409　中西合纂幼科大全十二卷
子部/醫家類/兒科之屬
顧鳴盛輯　馬小琴校閲
民國七年（1918）上海大東書局石印本
中醫大

1410　中西合纂幼科大全十二卷
子部/醫家類/兒科之屬
顧鳴盛輯　馬小琴校閲
民國十二年（1923）上海大東書局石印本
省圖

1411　中西合纂幼科大全十二卷
子部/醫家類/兒科之屬
顧鳴盛輯　馬小琴校閲
民國十五年（1926）上海大東書局石印本
省圖　川大

1412　瘢疹菁華一卷
子部/醫家類/兒科之屬/痘疹
羅紹文編訂

民國二十五年（1936）石印本
省圖　中醫大

1413　痘訣餘義一卷
子部/醫家類/兒科之屬/痘疹
（清）許豫和著
抄本
中醫大

1414　痘科切要不分卷
子部/醫家類/兒科之屬/痘疹
（清）王文選輯
民國刻本
達州

1415　痘麻醫案二卷
子部/醫家類/兒科之屬/痘疹
（清）齊秉慧撰
民國刻本
中醫大

1416　痘科活人四卷
子部/醫家類/兒科之屬/痘疹
（清）鄧曜南纂輯
民國六年（1917）鉛印本
中醫大

1417　痘治理辨一卷
子部/醫家類/兒科之屬/痘疹
（明）汪機編輯
民國石印本
瀘州　中醫大

1418　痘疹玉髓四卷
子部/醫家類/兒科之屬/痘疹
（明）翁仲仁撰
民國刻本
達州

1419　痘疹圖説一卷
子部/醫家類/兒科之屬/痘疹
（□）□□撰
民國刻本
中醫大

1420　痘疹詮三卷
子部/醫家類/兒科之屬/痘疹
（明）張介賓著　（清）魯超訂
民國鉛印本
瀘州

1421　痘疹全鏡録四卷
子部/醫家類/兒科之屬/痘疹
翁仲仁著
民國六年（1917）上海章福記書局石印本
南充

1422　痘疹精詳十卷
子部/醫家類/兒科之屬/痘疹
（清）周甄陶編輯
民國上海廣益書局石印本
西昌

1423　痘疹會通五卷
子部/醫家類/兒科之屬/痘疹
（清）曾鼎纂述　（清）劉昌祁校
民國蘇州三吴廣告公司鉛印本
省圖

1424　痘疹定論四卷
子部/醫家類/兒科之屬/痘疹

（清）朱純嘏編輯
民國三十年（1941）成都正古堂刻本
中醫大

1425　痘疹傳心録十八卷
子部/醫家類/兒科之屬/痘疹
（明）朱惠明著 李林馥校
民國十四年（1925）上海千頃堂書局石印本
中醫大

1426　發疹全書不分卷
子部/醫家類/兒科之屬/痘疹
孫祖烈編譯
民國六年（1917）上海醫學書局鉛印本
中醫大

1427　校正種痘新書十二卷
子部/醫家類/兒科之屬/痘疹
（清）張琰編輯
民國錦章圖書局石印本
達川區

1428　麻痘蠡言一卷
子部/醫家類/兒科之屬/痘疹
陳伯壇著
民國鉛印本
省圖

1429　麻痘新書六卷
子部/醫家類/兒科之屬/痘疹
（清）張石頑 俞中和著
民國章福記書局石印本
南充

1430　麻科合璧二卷
子部/醫家類/兒科之屬/痘疹
（清）楊開泰彙編
民國五年（1916）墊江刻本
成都

1431　麻科合璧二卷
子部/醫家類/兒科之屬/痘疹
（清）楊開泰彙輯
民國十四年（1925）小衡山房鉛印本
中醫大

1432　麻科合璧一卷
子部/醫家類/兒科之屬/痘疹
（清）楊開泰彙輯 （清）謝元瀛校訂
民國五年（1916）墊江兩湖會館刻本
樂山

1433　麻科活人全書四卷
子部/醫家類/兒科之屬/痘診
（清）謝玉瓊輯 劉齊珍訂
民國十年（1921）上海廣益書局石印本
安州區

1434　麻科活人全書四卷
子部/醫家類/兒科之屬/痘疹
（清）謝玉瓊輯 劉齊珍訂
民國十一年（1922）劉齊珍刻本
達州 西昌 中醫大

1435　麻科活人全書四卷
子部/醫家類/兒科之屬/痘疹
（清）謝玉瓊輯 劉齊珍訂
民國十六年（1927）重慶志同石印社石印本
達州 中醫大

1436　麻症集成四卷
子部/醫家類/兒科之屬/痘疹

（清）朱載揚輯著
民國二十年（1931）鄞縣屠時遜鉛印本
中醫大

1437　麻症總論一卷
子部/醫家類/兒科之屬/痘疹
（□）□□撰
民國王顯彰抄本
省圖

1438　麻疹病學一卷
子部/醫家類/兒科之屬/痘疹
郭若定編訂
民國二十八年（1939）鉛印本
川大

1439　麻疹闡注四卷
子部/醫家類/兒科之屬/痘疹
（清）張廉著
民國五年（1916）成都刻本
省圖

1440　麻疹闡注四卷
子部/醫家類/兒科之屬/痘疹
（清）張廉著
民國五年（1916）成都大昌公司鉛印本
省圖　成都　温江　郫都　中醫大

1441　麻疹闡注四卷
子部/醫家類/兒科之屬/痘疹
（清）張廉述
民國日新印刷工業社鉛印本
省圖　中醫大

1442　麻疹秘傳一卷附麻疹概論一卷
子部/醫家類/兒科之屬/痘疹
（清）朱純嘏著
民國三十四年（1945）松溉宏大石印本
中醫大

1443　秘本麻痘新書六卷
子部/醫家類/兒科之屬/痘疹
（清）張石頑　（清）俞中和著
民國七年（1918）上海淵海圖書局石印本
南充

1444　秘傳痘疹火工全集不分卷
子部/醫家類/兒科之屬/痘疹
（□）□□撰
抄本
中醫大

1445　秘傳經驗痲科至寶一卷痲瘖必讀一卷
子部/醫家類/兒科之屬/痘疹
（清）徐棣三校正　&痲瘖必讀一卷（清）鄭啓壽著（清）鄭文詩（清）孫棻校字
民國十五年（1926）上海千頃堂書局石印本
省圖

1446　秦氏痘疹圖説三卷圖像一卷
子部/醫家類/兒科之屬/痘疹
秦之濟著　余德塤補訂
民國七年（1918）上海商務印書館鉛印本
省圖　中醫大

1447　四川公報附載麻疹闡注六卷
子部/醫家類/兒科之屬/痘疹

張廉述
民國鉛印本
省圖

1448　引痘略一卷
子部/醫家類/兒科之屬/痘疹
（清）邱熺撰
民國石印本
成都

1449　引痘新書不分卷
子部/醫家類/兒科之屬/痘疹
（清）楊慶齡輯
民國十三年（1924）袁氏堯官石印本
中醫大

1450　郁謝痲科合璧一卷附摘録沈氏尊生書一卷
子部/醫家類/兒科之屬/痘疹
（清）江西郁氏　（清）謝心陽著　（清）楊開泰彙輯　（清）謝元瀛校訂 &摘録沈氏尊生書一卷　（清）沈金鰲撰
民國五年（1916）墊江刻本
省圖

1451　郁謝痲科合璧一卷
子部/醫家類/兒科之屬/痘疹
（清）江西郁氏　（清）謝心陽著　（清）楊開泰彙輯　（清）謝元瀛校訂
民國十九年（1930）成都石印本
省圖

1452　郁謝痲科合璧一卷
子部/醫家類/兒科之屬/痘疹
（清）江西郁氏　（清）謝心陽著　（清）楊開泰彙輯　（清）謝元瀛校訂
民國三十四年（1945）四川富順博愛慈善會石印本
瀘州　富順

1453　郁謝痲科合璧一卷
子部/醫家類/兒科之屬/痘疹
（清）江西郁氏　（清）謝心陽著　（清）楊開泰彙輯　（清）謝元瀛校訂
民國富順謝彦倫抄本
富順

1454　痧科真傳一卷
子部/醫家類/兒科之屬/痘疹
（明）吕坤撰
抄本
中醫大

1455　增補秘傳痘疹玉髓金鏡録真本四卷首一卷
子部/醫家類/兒科之屬/痘疹
（明）翁仲仁輯著　（清）仇天一參閲
民國三年（1914）上海校經山房石印本
省圖

1456　增補秘傳痘疹玉髓金鏡録真本四卷首一卷
子部/醫家類/兒科之屬/痘疹
（明）翁仲仁輯著　（清）仇天一參閲
民國三年（1914）上海錦章圖書局石印本
省圖　中醫大

1457　種痘新書十二卷
子部/醫家類/兒科之屬/痘疹
（清）張琰編輯
民國八年（1919）上海廣益書局石印本
中醫大

1458　種痘新書十二卷
子部/醫家類/兒科之屬/痘疹
（清）張琰編輯
民國上海錦章圖書局石印本
中醫大

1459　種痘學講義
子部/醫家類/兒科之屬/痘疹
吴介誠編述
民國二十一年（1932）成都有記文華印字館鉛印本
川大

1460　種痘學講義
子部/醫家類/兒科之屬/痘疹
吴介誠編述
民國二十一年（1932）成都日新印刷工業社鉛印本
省圖　成都

1461　中西痳疹摘要二卷
子部/醫家類/兒科之屬/痘疹
謝鐘靈集纂
一九五二年抄本
省圖

1462　驚風論一卷
子部/醫家類/兒科之屬/驚風
程天靈著
民國三十年（1941）石印本
中醫大

1463　急慢驚瘋一卷
子部/醫家類/兒科之屬/驚風
（□）□□撰
民國四年（1915）秦勛抄本
省圖

外科之屬

1464　編輯外科心法要訣十六卷
子部/醫家類/外科之屬
（清）吴謙等纂
民國上海啓新書局影印本
崇州

1465　編輯外科心法要訣十六卷
子部/醫家類/外科之屬
（清）吴謙等纂
民國石印本
省圖　成都　崇州　三臺

1466　跌打總訣不分卷
子部/醫家類/外科之屬
（□）□□著
民國新儒氏抄本
省圖

1467　洞天奥旨十六卷
子部/醫家類/外科之屬
（清）陳士鐸著
民國元年（1912）上海江東書局石印本
中醫大

1468　洞天奥旨十六卷
子部/醫家類/外科之屬
（清）陳士鐸著
民國六年（1917）上海普通書局石印本
南充

1469　洞天奥旨十六卷
子部/醫家類/外科之屬
（清）陳士鐸著
民國刻本
達州

1470　洞天奥旨十六卷
子部/醫家類/外科之屬
（清）陳士鐸著
民國校經山房石印本
中醫大

1471　洞天奥旨十六卷首附十二經絡圖一卷
子部/醫家類/外科之屬
（清）陳士鐸撰　（清）陶式玉評
民國六年（1917）上海咏記書莊石印本
中醫大

1472　洞天奥旨十六卷附十二經絡圖一卷
子部/醫家類/外科之屬
（清）陳士鐸撰　（清）陶式玉評
民國上海錦章圖書局石印本
中醫大

1473　洞天奥旨外科秘録十六卷
子部/醫家類/外科之屬
（清）陳士鐸撰
民國上海普通書局石印本
南充

1474　斷肢腸疝合編一卷
子部/醫家類/外科之屬
（□）□□撰
民國抄本
中醫大

1475　改良外科圖説四卷
子部/醫家類/外科之屬
（清）高梅溪輯
民國上海江東書局石印本
南充

1476　改良外科圖説六卷
子部/醫家類/外科之屬
（清）高梅溪輯
民國上海掃葉山房石印本
西昌

1477　改良繪圖外科正宗十二卷
子部/醫家類/外科之屬

（明）陳實功撰　（清）徐大椿評
民國上海大成書局石印本
温江

1478　古梅梁氏癧科全書一卷
子部/醫家類/外科之屬
（清）梁希曾著 張衡皋 侯家驥參
民國鉛印本
省圖

1479　華佗外科不分卷
子部/醫家類/外科之屬
（□）□□撰
民國桂樵氏成都抄本

1480　花柳易知二卷
子部/醫家類/外科之屬
李公彦撰
民國八年（1919）鉛印本
省圖

1481　花柳易知二卷
子部/醫家類/外科之屬
李公彦編
民國十一年（1922）中華書局鉛印本
新都

1482　精法摘要録一卷
子部/醫家類/外科之屬
（□）静庵氏著
民國三十年（1941）抄本
省圖

1483　簡明外科總論不分卷
子部/醫家類/外科之屬
陸軍獸醫學校編
民國陸軍獸醫學校鉛印本

1484　癧科全書一卷
子部/醫家類/外科之屬
（清）梁希曾著　九一老人校正
民國二十年（1931）上海國醫書局鉛字排印本
省圖 川大

1485　癧科全書一卷
子部/醫家類/外科之屬
（清）梁希曾著
民國二十四年（1935）上海國醫書局鉛印本
省圖

1486　靈蘭秘傳秦公接骨入骱書一卷
子部/醫家類/外科之屬
（□）□□撰
抄本
中醫大

1487　馬培之先生批評外科證治全生集四卷
子部/醫家類/外科之屬
（清）王維德纂輯
民國二年（1913）鑄記書局石印本
中醫大

1488　馬評王氏外科症治全集二卷
子部/醫家類/外科之屬
（清）王洪緒著
民國上海錦章圖書局石印本
西昌

1489　秘本瘍科選粹八卷
子部/醫家類/外科之屬

（明）陳文治輯 （清）徐大椿批點
民國十一年（1922）上海鴻章書局石印本
川大

1490　秘本瘍科選粹八卷
子部/醫家類/外科之屬
（明）陳文治輯 （清）徐大椿批點
民國上海文瑞樓石印本
中醫大

1491　七十四種瘰瘡良方並形圖要訣不分卷
子部/醫家類/外科之屬
（清）仁義氏輯
民國七年（1918）刻本
西昌

1492　王洪緒先生外科證治全生集二卷
子部/醫家類/外科之屬
（清）王維德纂輯
民國四年（1915）遵古堂刻本
省圖 中醫大

1493　王洪緒先生外科證治全生集二卷
子部/醫家類/外科之屬
（清）王維德纂輯
民國上海錦章圖書局石印本
中醫大

1494　外科大成四卷
子部/醫家類/外科之屬
（清）祁坤輯著 （清）陶式玉評 （清）祁嘉錫等正字
民國二十年（1931）上海錦章圖書局石印本
省圖 中醫大

1495　外科大成四卷
子部/醫家類/外科之屬
（清）祁坤輯著 （清）陶式玉評 （清）祁嘉錫等正字
民國上海江東書局石印本
省圖 瀘州 達州

1496　外科發揮八卷
子部/醫家類/外科之屬
（明）薛己著 （明）吴玄有校 干鳳岐重校
民國上海大成書局石印本
瀘州

1497　外科歌訣一卷
子部/醫家類/外科之屬
（□）□□撰
民國抄本
成都

1498　外科護病不分卷
子部/醫家類/外科之屬
丁美容編輯
民國十四年（1925）上海廣學書局鉛印本
安州區

1499　外科輯要四卷
子部/醫家類/外科之屬
（清）邵澍輯
民國八年（1919）上海千頃堂書局石印本
川大 中醫大

1500　外科精要三卷
子部/醫家類/外科之屬
（宋）陳自明編　（明）薛己注
民國上海大成書局石印本
瀘州

1501　外科理例七卷
子部/醫家類/外科之屬
（明）汪機輯　（明）陳桷校正
民國石印本
瀘州

1502　外科理例七卷附方一卷
子部/醫家類/外科之屬
（明）汪機輯　（明）陳桷校正
民國上海千頃堂書局石印本
西昌　川大　中醫大

1503　外科秘録十六卷
子部/醫家類/外科之屬
（清）陳遠公著
民國上海錦章圖書局石印本
西昌

1504　外科切要一卷
子部/醫家類/外科之屬
（□）□□撰
民國抄本
省圖

1505　外科樞要四卷
子部/醫家類/外科之屬
（明）薛己著
民國上海大成書局石印本
瀘州

1506　外科神方不分卷
子部/醫家類/外科之屬
（□）□□撰
民國抄本
成都

1507　外科手術學各論講義不分卷
子部/醫家類/外科之屬
□□編
民國陸軍獸醫學校鉛印本
省圖

1508　外科圖説四卷
子部/醫家類/外科之屬
（清）高文晋輯　（清）金鼎言等校
（清）王文源等參閱
民國上海錦章圖書局石印本
省圖　南充　中醫大

1509　外科心法要訣十六卷目録一卷
子部/醫家類/外科之屬
（清）吴謙纂
民國十六年（1927）上海鴻寶齋書局石印本
安州區

1510　外科心法七卷
子部/醫家類/外科之屬
（明）薛己撰　（明）吴玄有校
民國十年（1921）上海大成書局石印本
成都

1511　外科學各論不分卷
子部/醫家類/外科之屬

蘇蔭庚編譯
民國陸軍獸醫學校鉛印本
省圖

1512 外科醫鏡十二卷
子部/醫家類/外科之屬
（清）高思敬著
民國六年（1917）天津華新印刷局鉛印本
中醫大

1513 外科易知一卷
子部/醫家類/外科之屬
（清）汪祝堯撰
民國鉛印本
省圖

1514 外科易知一卷
子部/醫家類/外科之屬
中華書局編
民國鉛印本
省圖

1515 外科症治全生集四卷
子部/醫家類/外科之屬
（清）王維德纂輯 （清）張介祺校
民國元年（1912）善成堂刻本
中醫大

1516 外科證治全生一卷
子部/醫家類/外科之屬
（清）王維德輯
民國四年（1915）遵古堂刻本
省圖

1517 外科正宗十二卷
子部/醫家類/外科之屬
（明）陳實功著 （清）徐大椿評
（清）許楣訂 （清）蔣光焴校
民國十年（1921）上海大成書局石印本
瀘州 川大 中醫大

1518 外科正宗十二卷
子部/醫家類/外科之屬
（明）陳實功著 （清）徐大椿評
（清）許楣訂 （清）蔣光焴校
民國上海錦章圖書局石印本
省圖 德陽 達州 安州區 中醫大

1519 外科正宗十二卷
子部/醫家類/外科之屬
（明）陳實功著 （清）徐大椿評
（清）許楣訂 （清）蔣光焴校
民國影印本
中醫大

1520 瘍痕備考二卷
子部/醫家類/外科之屬
（□）□□撰
抄本
樂山

1521 瘍科綱要二卷
子部/醫家類/外科之屬
張山雷著 邵樂山校刊
民國嘉定張氏體仁堂石印本
西昌

1522 瘍科臨證心得集三卷附景岳新方歌括一卷
子部/醫家類/外科之屬
（清）高秉鈞纂輯 （清）吴辰璨參

訂（清）高觀海校 &景岳新方歌括一卷 （清）高秉鈞 （清）吴辰璨 （清）姚志仁纂
民國上海文瑞樓石印本
省圖 成都

1523 瘍科心得集三種
子部/醫家類/外科之屬
（清）高秉鈞纂輯
民國上海文瑞樓石印本
南充

1524 瘍醫大全四十卷
子部/醫家類/外科之屬
（清）顧世澄纂 （清）錢之栢等校
民國六年（1917）上海錦章圖書局石印本
瀘州 南充 中醫大

1525 瘍醫大全四十卷
子部/醫家類/外科之屬
（清）顧世澄纂 （清）錢之栢等校
民國十一年（1922）上海錦章圖書局石印本
中醫大

1526 瘍醫大全四十卷
子部/醫家類/外科之屬
（清）顧世澄纂 （清）錢之栢等校
民國石印本
中醫大

1527 瘍醫大全四十卷
子部/醫家類/外科之屬
（清）顧世澄纂 （清）錢之栢等校
民國鉛印本
瀘州

1528 枕藏外科諸症一卷
子部/醫家類/外科之屬
（□）□□撰
民國六年（1917）瀛洲書屋刻本
省圖

1529 中國外科學大綱二卷附内經上之外科學説一卷
子部/醫家類/外科之屬
許半龍輯 秦之濟校閲
民國十九年（1930）上海中醫書局石印本
川大

1530 中國外科學大綱二卷附内經上之外科學説一卷
子部/醫家類/外科之屬
許半龍輯 秦之濟校閲
民國二十四年（1935）上海中醫書局石印本
省圖

1531 中國外科學大綱二卷附内經上之外科學説一卷
子部/醫家類/外科之屬
許半龍輯 秦之濟校閲
民國二十四年（1935）上海國光印書局石印本
省圖

1532 中西合纂外科大全五卷
子部/醫家類/外科之屬
顧鳴盛輯 馬小琴校閲
民國七年（1918）上海大東書局石印本
中醫大

1533　中西合纂外科大全五卷
子部/醫家類/外科之屬
顧鳴盛輯　馬小琴校閱
民國十四年（1925）上海大東書局影印本
省圖

1534　陳氏瘍科膏丹諸藥一卷
子部/醫家類/外科之屬/外科方
（□）□□撰
民國抄本
中醫大

1535　外科金方一卷
子部/醫家類/外科之屬/外科方
（□）□□撰
民國抄本
省圖

1536　外科秘笈一卷
子部/醫家類/外科之屬/外科方
（□）□□撰
民國抄本
省圖

1537　外科雜方一卷
子部/醫家類/外科之屬/外科方
（□）□□撰
民國抄本
省圖

1538　外科真方傳一卷
子部/醫家類/外科之屬/外科方
邵朝著
民國二十一年（1932）上海萬有書局鉛印本
省圖

1539　寫本外科奇方一卷
子部/醫家類/外科之屬/外科方
（□）□□撰
民國抄本
省圖

1540　刺疔捷法一卷
子部/醫家類/外科之屬/痈疽、疔瘡
（清）張鏡撰
民國石印本
西昌

1541　重刊刺疔捷法不分卷
子部/醫家類/外科之屬/痈疽、疔瘡
（清）張鏡著
民國十八年（1929）石印本
中醫大

1542　瘡瘍經驗全書六卷
子部/醫家類/外科之屬/痈疽、疔瘡
（宋）竇杰輯著　（清）洪瞻岩
（清）陳友恭同校
民國五年（1916）上海會文堂石印本
中醫大

1543　瘡傷經驗全書六卷
子部/醫家類/外科之屬/痈疽、疔瘡
（宋）竇杰輯著　（清）洪瞻岩
（清）陳友恭同校
民國上海錦章圖書局石印本
省圖

1544　疔瘡五經辨一卷
子部/醫家類/外科之屬/痈疽、疔瘡
（□）□□撰
民國九年（1920）上海進化書局石

印本
中醫大

1545　疔瘡要訣一卷
子部/醫家類/外科之屬/癰疽、疔瘡
（清）應其南撰　（清）應遵誨輯
民國七年（1918）上海千頃堂書局石印本
川大

1546　集驗背疽方一卷
子部/醫家類/外科之屬/癰疽、疔瘡
（宋）李迅撰
民國二十四年（1935）上海商務印書館影印本
南充　富順　中江　中醫大　西南交大　川博　省委黨校

1547　新增疔瘡要訣一卷
子部/醫家類/外科之屬/癰疽、疔瘡
（清）應遵誨著
民國七年（1918）上海千頃堂書局影印本
省圖　中醫大

1548　增訂治疔彙要三卷附過氏醫案一卷
子部/醫家類/外科之屬/癰疽、疔瘡
（清）過鑄撰　（清）甯本瑜　（清）倪望重校
民國二十九年（1940）上海鑄記書局影印本
中醫大

1549　增訂治疔彙要三卷
子部/醫家類/外科之屬/癰疽、疔瘡
（清）過鑄撰　（清）甯本瑜　（清）倪望重校
民國二十二年（1933）日新印刷工業社鉛印本
省圖　成都　中醫大

1550　增訂治疔彙要三卷
子部/醫家類/外科之屬/癰疽、疔瘡
（清）過鑄撰　（清）甯本瑜　（清）倪望重校
民國鉛印本
省圖

1551　增補治療大全三卷附近診醫案一卷
子部/醫家類/外科之屬/癰疽、疔瘡
（清）過鑄撰
民國十三年（1924）上海大成書局石印本
西昌　中醫大

1552　黴瘡秘録標記二卷附增訂花柳指迷一卷
子部/醫家類/外科之屬/瘋症、黴瘡
（明）陳司成著
民國石印本
中醫大

1553　重刊補注洗冤録集證五卷
子部/醫家類/外科之屬/其他外科病證
（宋）宋慈撰　（清）王又槐增輯　李觀瀾補輯
民國十年（1921）上海文瑞樓鴻章書局石印本
中醫大

1554　重刊補注洗冤録集證五卷　續增洗冤録辨正三卷
子部/醫家類/外科之屬/其他外科病證
（宋）宋慈撰　（清）王又槐增輯　李觀瀾補輯　&續增洗冤録辨正（清）瞿中溶撰　（清）李璋煜重訂
民國十年（1921）上海大成書局石印本
中醫大

1555　瘰癧彩良方一卷
子部/醫家類/外科之屬/其他外科病證
（□）□□撰
民國石印本
瀘州

1556　黴瘡秘録二卷
子部/醫家類/外科之屬/瘋症、黴瘡
（明）陳司成著
民國上海會文堂據户倉屋喜兵衛刻本影印本
省圖　中醫大

1557　黴瘡秘録不分卷
子部/醫家類/外科之屬/瘋症、黴瘡
（明）陳司成著
民國生白堂刻本
瀘州

1558　黴瘡秘録不分卷
子部/醫家類/外科之屬/瘋症、黴瘡
（明）陳司成著
民國上海會文堂書局影印本
省圖

傷科之屬

1559　編輯正骨心法要旨四卷
子部/醫家類/傷科之屬
（清）吴謙輯
民國商務印書館鉛印本
郫都

1560　國醫創傷精要一卷
子部/醫家類/傷科之屬
熊寶珊編
民國二十八年（1939）鉛印本
省圖

1561　國醫傷科方式一卷
子部/醫家類/傷科之屬
傅仲仙撰
民國二十五年（1936）成都同興紙社石印本
省圖

1562　臨陣傷科捷要四卷附圖一卷
子部/醫家類/傷科之屬

（英國）帕脱編　舒高第譯　（清）鄭昌棪譯
民國鉛印本
省圖

1563　傷科補要六卷
子部/醫家類/傷科之屬
（清）錢秀昌編輯　（清）錢丹書（清）何錦華校
民國十三年（1924）上海文元書局石印本
省圖

1564　傷科中西獨步一卷
子部/醫家類/傷科之屬
羅裕生述
民國三十二年（1943）成都日新印刷社鉛印本
成都

1565　傷科中西獨步一卷
子部/醫家類/傷科之屬
羅裕生述
民國抄本
成都

眼科之屬

1566　感應一草亭眼科全書四卷
子部/醫家類/眼科之屬
（清）文永周編
民國上海千頃堂書局石印本
川大

1567　光漢中醫學校眼科學講義一卷附針灸治病論一卷
子部/醫家類/眼科之屬
梁翰芬編 &針灸治病論一卷　周仲房編
民國廣東光漢中醫學鉛印本
中醫大

1568　傅氏眼科審視瑶函六卷首一卷
子部/醫家類/眼科之屬
（明）傅仁宇纂輯　（明）林長生校補　（清）張文凱參閲　（清）傅維藩編集
民國九年（1920）上海大成書局石印本
瀘州

1569　傅氏眼科審視瑶函六卷首一卷
子部/醫家類/眼科之屬
（明）傅仁宇纂輯　（明）林長生校補　（清）張文凱參閲　（清）傅維藩編集

民國上海錦章圖書局石印本
省圖　中醫大

1570　傅氏眼科審視瑶函六卷首一卷
子部/醫家類/眼科之屬
（明）傅仁宇纂輯　（明）林長生校補　（清）張文凱參閲　（清）傅維藩編集
民國廣益書局石印本
省圖

1571　傅氏眼科審視瑶函一卷首一卷醫案一卷圖説一卷
子部/醫家類/眼科之屬
（明）傅仁宇纂輯　（明）林長生校補　（清）張文凱參閲　（清）傅維藩編集
民國三年（1914）上海章福書局石印本
南充

1572　簡明眼科學一卷
子部/醫家類/眼科之屬
（明）程玠著
民國十年（1921）紹興醫藥學報社鉛印本
中醫大

1573　秘傳眼科龍木總論八卷
子部/醫家類/眼科之屬
（明）葆光道人撰
民國二十年（1931）上海中醫書局石印本
川大

1574　秘傳眼科纂要二卷
子部/醫家類/眼科之屬
（清）黄巖纂
民國十四年（1925）上海千頃堂書局石印本
川大

1575　七十二症眼科一卷
子部/醫家類/眼科之屬
（□）□□撰
民國抄本
中醫大

1576　審視瑶函六卷附審視瑶函醫案一卷
子部/醫家類/眼科之屬
（明）傅仁宇纂輯　（清）張文凱參閲　（清）林長生校補　（清）傅維藩編集　（清）張秀訂正　（清）周靖公校梓
民國石印本
成都

1577　眼科百問二卷
子部/醫家類/眼科之屬
（清）王子固輯
民國上海廣益書局石印本
省圖

1578　眼科百問二卷
子部/醫家類/眼科之屬
（清）王子固輯
民國上海錦章圖書局石印本
瀘州　中醫大

1579　眼科大全一卷
子部/醫家類/眼科之屬

（明）傅仁宇纂輯
民國三年（1914）章福記書局石印本
南充

1580　眼科及雜病藥方一卷
子部/醫家類/眼科之屬
（□）□□撰
民國抄本
成都

1581　眼科捷要一卷
子部/醫家類/眼科之屬
張育三撰
民國誠達印書館鉛印本
中醫大

1582　眼科捷要一卷
子部/醫家類/眼科之屬
張育三撰
民國四川萬育堂鉛印本
省圖

1583　眼科精華録二卷首一卷
子部/醫家類/眼科之屬
康維恂編
民國二十四年（1935）上海千頃堂書局石印本
川大　中醫大

1584　眼科良方一卷
子部/醫家類/眼科之屬
（清）葉桂撰
民國四年（1915）渝城龍王廟治古堂刻本
中醫大

1585　眼科良方一卷
子部/醫家類/眼科之屬
（清）葉桂撰
民國九年（1920）上海宏大善書局石印本
省圖

1586　眼科良方一卷
子部/醫家類/眼科之屬
（清）葉桂撰
民國二十年（1931）上海明善書局影印本
省圖

1587　眼科脉訣外科不分卷
子部/醫家類/眼科之屬
（□）□□著
抄本
大邑

1588　眼科内症二卷
子部/醫家類/眼科之屬
（清）高玉如輯
民國抄本
省圖

1589　眼科七十二論驗方一卷
子部/醫家類/眼科之屬
（□）□□撰
抄本
中醫大

1590　眼科奇書一卷
子部/醫家類/眼科之屬
（□）□□著
民國十六年（1927）刻本
省圖

1591　眼科奇書一卷
子部/醫家類/眼科之屬
（□）□□著
民國影印本
省圖

1592　眼科仙方一卷
子部/醫家類/眼科之屬
劉鎔經輯
民國四川省印刷局石印本
省圖

1593　眼科宜書一卷
子部/醫家類/眼科之屬
廖政參訂
民國二十五年（1936）重慶精益印刷社石印本
省圖

1594　眼科易知一卷
子部/醫家類/眼科之屬
中華書局編
民國鉛印本
省圖

1595　眼科閱微四卷
子部/醫家類/眼科之屬
（□）□□撰
民國抄本
中醫大

1596　銀海精微二卷
子部/醫家類/眼科之屬
（唐）孫思邈輯　（清）周亮節校正
（清）龔雲林編定
民國十年（1921）上海錦章圖書局石印本
瀘州　南充

1597　銀海精微二卷
子部/醫家類/眼科之屬
（唐）孫思邈輯　（清）周亮節校正
（清）龔雲林編定
民國上海廣益書局石印本
省圖

1598　銀海精微二卷
子部/醫家類/眼科之屬
（唐）孫思邈輯　（清）周亮節校正
（清）龔雲林編定
民國石印本
省圖

1599　銀海指南四卷
子部/醫家類/眼科之屬
（清）顧錫撰　（清）殳芬校　（清）張畹校　（清）顧慶校　（清）顧師濂校
民國四年（1915）上海錦章圖書局石印本
中醫大

1600　銀海指南四卷
子部/醫家類/眼科之屬
（清）顧錫撰　（清）殳芬校　（清）張畹校　（清）顧慶校　（清）顧師濂校
民國十六年（1927）上海中一書局石印本
西充

1601　銀海精微四卷
子部/醫家類/眼科之屬
（唐）孫思邈輯　（清）周亮節校正
（清）龔雲林編定
民國十九年（1930）上海千頃堂書局石印本
川大

1602　銀海指南四卷
子部/醫家類/眼科之屬
（清）顧錫撰　（清）殳芬校　（清）張畹校　（清）顧慶校　（清）顧師濂校
民國上海文華書局石印本
省圖　自貢

1603　銀海指南四卷
子部/醫家類/眼科之屬
（清）顧錫撰　（清）殳芬校　（清）張畹校　（清）顧慶校　（清）顧師濂校
民國上海廣益書局石印本
省圖

1604　最新實驗簡明眼科秘訣一卷附喉科秘方一卷
子部/醫家類/眼科之屬
陸天醫著
民國十一年（1922）上海廣雅書局石印本
省圖　中醫大

喉科口齒之屬

1605　重録增補經驗喉科紫珍集二卷
子部/醫家類/喉科口齒之屬
（清）耐修子撰　（清）朱翔宇增補
民國上海千頃堂書局石印本
省圖

1606　重樓玉鑰二卷
子部/醫家類/喉科口齒之屬
（清）鄭梅澗撰
民國六年（1917）上海章福記書局石印本
南充

1607　重樓玉鑰二卷
子部/醫家類/喉科口齒之屬
（清）鄭梅澗撰
民國刻本
省圖

1608　喉科秘旨二卷
子部/醫家類/喉科口齒之屬
（清）張宗良　（清）吴張氏原本

民國四年（1915）上海江左書林影印本
省圖

1609　喉科秘旨二卷
子部/醫家類/喉科口齒之屬
（清）張宗良　（清）吴張氏原本
民國十九年（1930）上海中醫書局鉛印本
中醫大

1610　喉科秘方一卷
子部/醫家類/喉科口齒之屬
（□）□□撰
抄本
中醫大

1611　喉科金論全書
子部/醫家類/喉科口齒之屬
袁仁賢編輯
民國十二年（1923）上海華豐印刷鑄字所鉛印本
中醫大

1612　喉科易知一卷
子部/醫家類/喉科口齒之屬
中華書局編輯
民國十一年（1922）中華書局鉛印本
省圖

1613　喉科紫珍集二卷補遺一卷首一卷
子部/醫家類/喉科口齒之屬
（清）朱翔宇輯
民國十六年（1927）高汝禎抄本
省圖

1614　喉科杓指四卷附集驗良方一卷
子部/醫家類/喉科口齒之屬
（清）包永泰著
抄本
中醫大

1615　喉症全科二卷
子部/醫家類/喉科口齒之屬
（□）□□撰
抄本
大邑

1616　喉症秘集二卷
子部/醫家類/喉科口齒之屬
（□）□□撰
抄本
中醫大

1617　同仁堂秘授咽喉十八症不分卷
子部/醫家類/喉科口齒之屬
（□）□□撰
抄本
中醫大

1618　咽喉全書一卷
子部/醫家類/喉科口齒之屬
（□）□□撰
民國抄本
中醫大

1619　咽喉脉證通論一卷
子部/醫家類/喉科口齒之屬
（□）□□輯
民國石印本
中醫大

1620　疫喉證治一卷
子部/醫家類/喉科口齒之屬
黄勖夷輯
民國二十年（1931）成都河洛印刷局石印本
川大

1621　疫喉淺論二卷補遺一卷附新補會厭論一卷
子部/醫家類/喉科口齒之屬
（清）夏雲撰
民國元年（1912）耕心山房朱氏影印本
省圖　川大

1622　白喉辨症一卷
子部/醫家類/喉科口齒之屬/白喉
黄維翰著
民國十九年（1930）上海國醫書局石印本
中醫大

1623　白喉忌表抉微一卷
子部/醫家類/喉科口齒之屬/白喉
（清）耐修子撰
民國三年（1914）成都精術館刻本
樂山

1624　白喉忌表抉微一卷
子部/醫家類/喉科口齒之屬/白喉
（清）耐修子撰
民國十九年（1930）上海國醫書局石印本
中醫大

1625　白喉忌表抉微一卷
子部/醫家類/喉科口齒之屬/白喉
（清）耐修子撰
民國二十二年（1933）成都大中印務局鉛印本
富順　中醫大

1626　白喉忌表抉微一卷
子部/醫家類/喉科口齒之屬/白喉
（清）耐修子撰
民國刻本
省圖

1627　白喉忌表抉微一卷附增刊各方一卷
子部/醫家類/喉科口齒之屬/白喉
（清）耐修子著
民國成都介記墨磨人齋石印本
省圖

1628　白喉忌表一卷附録三不可要訣一卷增刊各方一卷
子部/醫家類/喉科口齒之屬/白喉
（清）耐修子録注
民國涪州張氏刻本
川大

1629　白喉决疑集不分卷
子部/醫家類/喉科口齒之屬/白喉
張壽撰
民國杭州中醫專校影印本
西昌

1630　白喉治法忌表抉微一卷
子部/醫家類/喉科口齒之屬/白喉
（清）耐修子撰
民國十二年（1923）成都錦文書社石印本
省圖　中醫大

1631　白喉治法忌表抉微一卷
子部/醫家類/喉科口齒之屬/白喉
（清）耐修子撰
民國二十二年（1933）成都大中印務局鉛印本
温江　中醫大

1632　白喉治法忌表抉微一卷
子部/醫家類/喉科口齒之屬/白喉
（清）耐修子撰
民國二十六年（1937）成都永利印刷局石印本
新都

1633　白喉治法忌表抉微一卷
子部/醫家類/喉科口齒之屬/白喉
（清）耐修子撰
民國刻本
省圖

1634　白喉治法忌表抉微一卷
子部/醫家類/喉科口齒之屬/白喉
（清）耐修子撰
民國美利美公司鉛印本
中醫大

1635　白喉治法忌表抉微一卷
子部/醫家類/喉科口齒之屬/白喉
（清）耐修子撰
民國影印本
西昌

1636　白喉治法忌表抉微一卷附吹藥方一卷
子部/醫家類/喉科口齒之屬/白喉
（清）耐修子撰　&吹藥方一卷
（清）馮金鑒傳録
民國三年（1914）成都精術館刻本
省圖

1637　白喉症論一卷
子部/醫家類/喉科口齒之屬/白喉
（清）耐修子撰
民國二十二年（1933）成都大中印務局鉛印本
省圖　川大　中醫大

1638　白喉治法要言一卷附白喉新方一卷專治痢症經驗第一神效良方一卷
子部/醫家類/喉科口齒之屬/白喉
（清）劉昌祁纂述
民國二十一年（1932）鉛印本
成都

1639　重校白喉忌表抉微一卷
子部/醫家類/喉科口齒之屬/白喉
（清）耐修子録注　張潔校
民國十三年（1924）北京永明印書局鉛印本
省圖　川大

1640　洞主先師白喉治法忌表抉微一卷附白喉吹藥方一卷
子部/醫家類/喉科口齒之屬/白喉
（清）耐修子録注　&白喉吹藥方一卷　（清）馮金鑒勘定　（清）馮汝

璋等纂　（清）馮金鋭等校
民國三年（1914）成都精術館刻本
省圖

1641　洞主仙師白喉治法忌表抉微一卷附白喉吹藥方一卷
子部/醫家類/喉科口齒之屬/白喉
（清）耐修子録注　&白喉吹藥方一卷　（清）馮金鑒勘定　（清）馮汝璋等纂　（清）馮金鋭等校
民國二十六年（1937）成都協成印刷社鉛印本
省圖

1642　洞主仙師白喉治法忌表抉微一卷
子部/醫家類/喉科口齒之屬/白喉
（清）耐修子著
民國十七年（1928）石印本
成都

1643　洞主仙師白喉治法忌表抉微一卷
子部/醫家類/喉科口齒之屬/白喉
（清）耐修子著
民國二十四年（1935）成都永利印刷局影印本
省圖

1644　仙傳白喉忌表治法吹藥合刊二種
子部/醫家類/喉科口齒之屬/白喉
（□）□□輯
民國三年（1914）成都精術館刻本
温江　川大

1645　喉症痧痘預防醫治法一卷
子部/醫家類/喉科口齒之屬/喉痧
張景範　張梅森編輯
民國二十二年（1933）上海商業書局鉛印本
中醫大

1646　爛喉□痧輯要一卷
子部/醫家類/喉科口齒之屬/喉痧
（清）金德鑒撰
民國影印本
省圖

1647　秘傳喉風神效精義一卷
子部/醫家類/喉科口齒之屬/喉痧
（□）□□撰
民國抄本
新都

1648　痧喉正義一卷附録一卷
子部/醫家類/喉科口齒之屬/喉痧
（清）張振鋆輯
民國聚昌公司鉛印本
成都　青羊

1649　疫喉痧疹辨正一卷
子部/醫家類/喉科口齒之屬/喉痧
王玨雲撰
民國二十年（1931）鉛印本
中醫大

醫案之屬

1650　病科醫案平議二卷
子部/醫家類/醫案之屬
張壽平議
民國杭州中醫專校影印本
西昌

1651　當代全國名醫驗案類編十四卷
子部/醫家類/醫案之屬
何廉臣編
民國十八年（1929）上海大東書局鉛印本
中醫大

1652　當代全國名醫驗案類編初集六卷二集八卷
子部/醫家類/醫案之屬
何廉臣選輯
民國二十二年（1933）上海大東書局鉛印本
省圖

1653　當代全國名醫驗案類編續編二十六卷
子部/醫家類/醫案之屬
何廉臣編
民國二十五年（1936）上海大東書局鉛印本
省圖　川大

1654　丁氏醫案十五卷
子部/醫家類/醫案之屬
丁澤周著　丁濟萬編輯
民國十六年（1927）上海華豐印刷鑄字所鉛印本
省圖　中醫大

1655　分類王孟英醫案二卷
子部/醫家類/醫案之屬
（清）王士雄撰　陸士諤編校
民國十三年（1924）上海世界書局石印本
廣安區　川大

1656　紓溪醫案選摘要四卷
子部/醫家類/醫案之屬
陸咏婴輯　陸晋笙鑒定
民國杭州三三醫社鉛印本
省圖

1657　古今醫案平議十卷
子部/醫家類/醫案之屬
（清）張壽著
民國杭州中醫專科學校影印本
西昌

1658　古今醫案十卷
子部/醫家類/醫案之屬

（清）俞震纂輯 （清）李齡壽重校輯
民國元年（1912）上海會文堂書局石印本
瀘州 中醫大

1659 洄溪醫案不分卷
子部/醫家類/醫案之屬
（清）徐大椿撰 （清）王士雄編
民國二十三年（1934）三民圖書公司鉛印本
遂寧

1660 洄溪醫案唐人法一卷附徐靈胎先生傳一卷幹南雜傳附傳一卷
子部/醫家類/醫案之屬
（清）徐大椿撰 黃恩榮編
民國二十二年（1933）廣州黃幹南藥行刻本
中醫大

1661 彙輯薛氏内科醫科案十一卷
子部/醫家類/醫案之屬
（明）薛己著
日本刻本
中醫大

1662 烈光治驗醫案一卷
子部/醫家類/醫案之屬
范烈光著
民國二十二年（1933）協美印刷公司鉛印本
省圖 中醫大

1663 臨證醫案筆記六卷
子部/醫家類/醫案之屬
（清）吴篪撰
民國集古閣石印本
南充

1664 臨證指南不分卷
子部/醫家類/醫案之屬
丁福著保
民國六年（1917）醫學書局鉛印本
川大

1665 臨證指南十二卷
子部/醫家類/醫案之屬
（清）徐靈胎議
民國二十年（1931）江陰寶文堂石印本
西昌

1666 臨證指南醫案八卷
子部/醫家類/醫案之屬
（清）葉桂著（清）徐大椿評（清）華岫雲等校
民國八年（1919）上海文益書局石印本
省圖 安州區

1667 臨證指南醫案八卷
子部/醫家類/醫案之屬
（清）葉桂著（清）徐大椿評（清）華岫雲等校
民國十七年（1928）上海錦章圖書局石印本
南充 三臺 川大 中醫大

1668 臨證指南醫案八卷續編四卷
子部/醫家類/醫案之屬
（清）葉桂撰（清）徐大椿評
民國上海天寶書局石印本
西充

1669　**臨證指南醫案七卷附種福堂公選良方一卷**
子部/醫家類/醫案之屬
（清）葉桂著（清）徐大椿評（清）華南田等校
民國三年（1914）上海章福記書局石印本
南充

1670　**臨證指南醫案七卷附種福堂公選良方一卷**
子部/醫家類/醫案之屬
（清）葉桂著（清）徐大椿評（清）華南田等校
民國八年（1919）上海文益書局石印本
省圖

1671　**臨證指南醫案十卷**
子部/醫家類/醫案之屬
（清）葉桂撰
民國十七年（1928）上海錦文堂書局石印本
中醫大

1672　**臨證指南醫案十卷**
子部/醫家類/醫案之屬
（清）葉桂著
民國上海錦章圖書局石印本
達州　三臺

1673　**柳選四家醫案**
子部/醫家類/醫案之屬
（清）柳寶詒撰
民國三十年（1941）上海千頃堂書局鉛印本
青羊　中醫大

1674　**羅謙甫治驗案一卷**
子部/醫家類/醫案之屬
裘慶元輯録
民國五年（1916）杭州三三醫社刻本
中醫大

1675　**孟河丁氏醫案八卷附喉痧症治概要一卷**
子部/醫家類/醫案之屬
丁澤周著　丁萬編輯
民國二十七年（1938）上海文明書局印刷所鉛印本
川大

1676　**南雅堂醫案八卷**
子部/醫家類/醫案之屬
（清）陳念祖撰
民國九年（1920）上海群學社石印本
瀘州　温江　川大　中醫大

1677　**評琴書屋葉案括要八卷**
子部/醫家類/醫案之屬
（清）葉桂原本（清）潘名熊纂（清）潘龍章（清）潘鸞章校刊
民國二十四年（1935）漢文正楷書局鉛印本
省圖

1678　**評選環溪草堂醫案一卷**
子部/醫家類/醫案之屬
（清）王泰林著（清）柳寶詒選評
民國三十二年（1943）成都市中醫師公會醫友出版社鉛印本
省圖　成都　中醫大

1679 評選繼志堂醫案二卷
子部/醫家類/醫案之屬
（清）曹存心著 （清）柳寶詒評選
民國上海文瑞樓石印本
川大

1680 評選靜香樓醫案二卷
子部/醫家類/醫案之屬
（清）尤怡著 （清）柳寶詒評選
抄本
川大

1681 齊氏醫案崇正辨訛六卷
子部/醫家類/醫案之屬
（清）齊秉慧纂 （清）齊高校録
（清）齊瑞參訂 （清）楊宗煦等校閲
民國上海千頃堂書局石印本
瀘州 川大 中醫大

1682 前清御醫陳蓮舫醫案秘鈔二卷
子部/醫家類/醫案之屬
董韻笙校
民國鉛印本
中醫大

1683 三家醫案合刻三卷
子部/醫家類/醫案之屬
（清）吴金壽輯
民國上海錦章圖書局石印本
中醫大

1684 邵蘭先生醫案二卷
子部/醫家類/醫案之屬
周毅修輯
民國抄本
中醫大

1685 生生子醫案五卷
子部/醫家類/醫案之屬
（明）孫一奎輯
民國成都昌福公司鉛印本
省圖 川大 中醫大

1686 聖餘醫案詮解六卷
子部/醫家類/醫案之屬
（清）劉梖文撰 李俊釋
民國三十五年（1946）李重俊堂鉛印本
省圖 川大

1687 聖餘醫案詮解四卷
子部/醫家類/醫案之屬
李俊詮解 張國銓參訂 夏忠道參訂
民國三十四年（1945）德勝印刷紙社鉛印本
省圖 成都 中醫大

1688 石山醫案三卷
子部/醫家類/醫案之屬
（明）陳桷校勘
民國石印本
瀘州

1689 四川高等國醫學校醫案課程不分卷
子部/醫家類/醫案之屬
李子俊選
民國二十四年（1935）鉛印本
中醫大

1690 松心堂醫案經驗抄一卷
子部/醫家類/醫案之屬
（清）繆遵義著

抄本
成都

1691　松心醫案筆記二卷
子部/醫家類/醫案之屬
（明）繆松心著　董壽慈校
民國鉛印本
中醫大

1692　宋元明清名醫類案
子部/醫家類/醫案之屬
徐衔之　姚若琴合編
民國二十三年（1934）國醫印書館鉛印本
中醫大

1693　王孟英醫案三卷
子部/醫家類/醫案之屬
陸守先編
民國十三年（1924）上海世界書局石印本
中醫大

1694　王氏醫案不分卷
子部/醫家類/醫案之屬
（清）王泰林著　方仁淵參訂
民國抄本
中醫大

1695　王氏醫案二卷
子部/醫家類/醫案之屬
（清）王士雄著　（清）周鑅輯
民國上海圖書集成局鉛印本
瀘州

1696　王氏醫案四卷
子部/醫家類/醫案之屬
（清）王泰林著
民國二十三年（1934）聚珍版鉛印本
川大

1697　王氏醫案續編八卷
子部/醫家類/醫案之屬
（清）張鴻輯
民國鉛印本
瀘州

1698　王氏醫案繹注十卷附録一卷
子部/醫家類/醫案之屬
（清）王士雄撰　石念祖繹注　謝觀校訂
民國九年（1920）商務印書館鉛印本
瀘州

1699　王氏醫案繹注十卷附録一卷
子部/醫家類/醫案之屬
（清）王士雄撰　石念祖繹注　謝觀校訂
民國二十三年（1934）上海商務印書館鉛印本
川大　中醫大

1700　未刻本葉氏醫案一卷
子部/醫家類/醫案之屬
（清）葉桂著　（清）周顯集　程門雪校
一九六三年上海科學技術出版社鉛印本
省圖

1701　問齋醫案六卷
子部/醫家類/醫案之屬
（清）蔣寶素著

民國十二年（1923）上海鑄記書局石印本
中醫大

1702　吴鞠通先生醫案四卷
子部/醫家類/醫案之屬
（清）吴瑭撰
民國十四年（1925）上海校經山房石印本
中醫大

1703　吴鞠通醫案二卷
子部/醫家類/醫案之屬
（清）吴瑭撰　高德僧重録　裘吉生校刊
民國十三年（1924）上海世界書局石印本
省圖　自貢　中醫大

1704　吴門治驗録四卷
子部/醫家類/醫案之屬
（清）顧金壽著　（清）徐玉書等校
民國上海千頃堂書局石印本
省圖

1705　先醒齋醫案三卷附炮炙大法一卷
子部/醫家類/醫案之屬
（明）繆希雍著
民國八年（1919）常熟繆承古堂鉛印本
中醫大

1706　新都醫案二卷
子部/醫家類/醫案之屬
（明）孫一奎輯
民國鉛印本
達州

1707　徐批臨證指南醫案八卷
子部/醫家類/醫案之屬
（清）葉桂著
民國刻本
達州　中醫大

1708　續名醫類案三十六卷
子部/醫家類/醫案之屬
（清）魏之琇續編　（清）王士雄（清）楊照藜同校
民國鉛印本
瀘州

1709　薛案辨疏二卷
子部/醫家類/醫案之屬
（明）薛己撰　徐蓮塘録存　裘吉生校刊
民國七年（1918）紹興醫藥學報社鉛印本
省圖　中醫大

1710　薛生白醫案一卷
子部/醫家類/醫案之屬
（清）薛雪撰　陸士諤編輯
民國十年（1921）上海世界書局石印本
省圖

1711　薛生白醫案一卷
子部/醫家類/醫案之屬
（清）薛雪撰　陸士諤編輯
民國十二年（1923）上海世界書局石印本
省圖

1712 藥盦醫案全集八卷
子部/醫家類/醫案之屬
惲鐵樵著
民國二十五年（1936）民友印刷公司鉛印本
成都

1713 藥盦醫案全集八卷
子部/醫家類/醫案之屬
惲鐵樵著
民國二十五年（1936）章巨膺鉛印本
中醫大

1714 葉案疏證二卷
子部/醫家類/醫案之屬
（清）葉桂撰 （清）李啓賢評並編
民國二十六年（1937）上海求恒醫社鉛印求恒醫學叢書本
省圖 川大 中醫大

1715 葉氏醫案存真三卷附馬氏醫案並附祁氏王氏醫案一卷
子部/醫家類/醫案之屬
（清）葉桂著
民國四年（1915）上海千頃堂書局石印本
西昌 川大 中醫大

1716 醫案春集一卷
子部/醫家類/醫案之屬
（□）□□撰
民國抄本
省圖

1717 醫案類録一卷
子部/醫家類/醫案之屬
（清）羅定昌撰 （清）唐宗海校正
民國鉛印本
中醫大

1718 醫案夢記二卷附自案小敘一卷
子部/醫家類/醫案之屬
（清）徐守愚著
民國九年（1920）紹興裘氏刻本
中醫大

1719 醫案五卷
子部/醫家類/醫案之屬
（明）孫一奎撰
民國成都昌福公司鉛印本
郫都

1720 易氏醫案一卷
子部/醫家類/醫案之屬
（清）易大艮撰
抄本
中醫大

1721 御醫曹滄洲醫案秘本二卷
子部/醫家類/醫案之屬
曹滄洲著 屠錫淇彙編 奚纘黄選録
民國十三年（1924）江左書林石印本
省圖 中醫大

1722 寓意草一卷
子部/醫家類/醫案之屬
（明）喻昌著
民國上海廣益書局石印本
川大

1723　寓意草醫案歌括一卷
子部/醫家類/醫案之屬
（明）喻昌著　楊淯編輯
民國楊國俊抄本
省圖

1724　增補重編葉天士醫案四卷
子部/醫家類/醫案之屬
（清）葉桂著　陸士諤編輯
民國十年（1921）上海世界書局石印本
瀘州

1725　增補重編葉天士醫案四卷
子部/醫家類/醫案之屬
（清）葉桂著　陸士諤編輯
民國十三年（1924）上海世界書局石印本
省圖　富順

1726　增補重編葉天士醫案四卷
子部/醫家類/醫案之屬
（清）葉桂著　陸士諤編輯
民國石印本
安州區　中醫大

1727　增補重編葉天士醫案四卷
子部/醫家類/醫案之屬
（清）葉桂著　陸士諤編輯
民國上海廣文書局影印本
安州區

1728　張氏醫案二十卷
子部/醫家類/醫案之屬
（清）張乃修著　（清）吴文涵編輯
（清）邵清儒附注　（清）周鎮參校
（清）郭匯泰增校
民國七年（1918）江陰吴氏鉛印本
省圖

1729　張氏醫案二十卷
子部/醫家類/醫案之屬
（清）張乃修著　（清）吴文涵編輯
（清）邵清儒附注　（清）周鎮參校
（清）郭匯泰增校
民國十八年（1929）上海萃英書局石印本
省圖

1730　張氏醫案二十卷
子部/醫家類/醫案之屬
（清）張乃修著　（清）吴文涵編輯
（清）邵清儒附注　（清）周鎮參校
（清）郭匯泰增校
民國二十四年（1935）上海萃英書局石印本
川大

1731　張氏醫案一卷
子部/醫家類/醫案之屬
張國華著　張體沅等校
民國二十一年（1932）日新印刷社鉛印本
省圖　中醫大

1732　張氏醫案一卷附張少浦經驗藥方一卷
子部/醫家類/醫案之屬

張國華著　張體沅校訂　胡啓瑗校印
民國二十一年（1932）鉛印本
省圖 成都

1733　診餘集一卷
子部/醫家類/醫案之屬
（清）余景和著　丁元彦　惲樹玨　余幼鴻　余繼鴻校訂
民國七年（1918）鉛印本
省圖

1734　診餘集一卷
子部/醫家類/醫案之屬
（清）余景和著　丁元彦　惲樹玨　余幼鴻　余繼鴻校訂
民國二十四年（1935）余鴻仁醫寓鉛印本
省圖 中醫大

1735　治驗醫案不分卷
子部/醫家類/醫案之屬
范烈光撰
民國二十二年（1933）協美印刷公司鉛印本
省圖

1736　重補重編葉天士醫案四卷
子部/醫家類/醫案之屬
陸士諤編輯
民國十三年（1924）上海世界書局石印本
川大

1737　重古三何醫案不分卷
子部/醫家類/醫案之屬
（清）陸晋笙　（清）陸煥雲選
民國石印本
西昌

醫話醫論之屬

1738　本經逢原四卷
子部/醫家類/醫話醫論之屬
（清）張璐纂述
民國上海錦章圖書局石印本
崇州

1739　叢桂草堂醫草四卷
子部/醫家類/醫話醫論之屬
（清）袁焯著
民國四年（1915）刻本
省圖 樂山

1740　翠竹山房診暇録稿二卷
子部/醫家類/醫話醫論之屬
曹惕寅撰
民國十六年（1927）翠竹山房石印本
中醫大

1741 存粹社醫報一卷
子部/醫家類/醫話醫論之屬
陸景景醫室編輯
民國陸景景醫室鉛印本
省圖 成都

1742 鮮溪醫論選中編六卷
子部/醫家類/醫話醫論之屬
陸平一撰 陸循一等參校
民國石印本
省圖

1743 格致餘論一卷
子部/醫家類/醫話醫論之屬
（元）朱震亨撰 （明）吴中珩校
民國十二年（1923）鉛印本
瀘州

1744 海醫道掌一卷
子部/醫家類/醫話醫論之屬
（□）方駿撰
民國抄本
省圖

1745 含飴堂知醫必辨
子部/醫家類/醫話醫論之屬
（□）知醫老人著
民國抄本
中醫大

1746 景景醫話一卷附醫談録舊一卷
子部/醫家類/醫話醫論之屬
陸晋笙撰
民國五年（1916）鉛印本
中醫大

1747 局方發揮一卷
子部/醫家類/醫話醫論之屬
（元）朱震亨撰 （明）吴中珩校
民國石印本
成都

1748 冷廬醫話五卷
子部/醫家類/醫話醫論之屬
（清）陸以湉著
民國五年（1916）上海千頃堂書局石印本
省圖 川大

1749 冷廬醫話五卷
子部/醫家類/醫話醫論之屬
（清）陸以湉著
抄本
川大

1750 陸氏論醫集四卷
子部/醫家類/醫話醫論之屬
陸淵雷撰 沈本琰編纂
民國二十二年（1933）上海民光印刷公司鉛印本
省圖 成都 西昌 川大 中醫大

1751 陸氏三世醫驗五卷
子部/醫家類/醫話醫論之屬
（明）陸岳著 （明）陸桂輯 （明）陸士龍輯 （清）盧明銓發明
民國四年（1915）上海會文堂書局石印本
省圖

1752 勉齋醫話不分卷
子部/醫家類/醫話醫論之屬

許勉齋著 方崇仁等校
民國二十六年（1937）杭州中國印書館鉛印本
中醫大

1753　紹興醫學會課藝不分卷
子部/醫家類/醫話醫論之屬
何廉臣評
民國十年（1921）浙東印書局鉛印本
中醫大

1754　推求師意二卷
子部/醫家類/醫話醫論之屬
（明）汪機編輯 （明）陳桷校刊
民國石印本
瀘州

1755　醫古文選評一卷
子部/醫家類/醫話醫論之屬
張驥輯
民國刻本
省圖 成都 川師大

1756　醫家名論選讀不分卷
子部/醫家類/醫話醫論之屬
（清）張壽頤選録
民國影印本
西昌

1757　醫林彙粹二卷
子部/醫家類/醫話醫論之屬
王德慶著 李慶光等校
民國二十四年（1935）鉛印本
省圖

1758　醫事叢刊二卷
子部/醫家類/醫話醫論之屬
黃維翰著
民國二十八年（1939）張鈁刻本
中醫大

1759　醫説十卷目録一卷
子部/醫家類/醫話醫論之屬
（宋）張杲撰
民國二十二年（1933）影印本
省圖 中醫大

1760　醫楔二卷
子部/醫家類/醫話醫論之屬
張雨三初稿
民國二十四年（1935）太原成文齋鉛印本
川大

1761　醫學讀書記三卷續記一卷附靜香樓醫案一卷
子部/醫家類/醫話醫論之屬
（清）尤怡著 （清）程梅齡 （清）張澐校訂 （清）鮑晟 （清）謝森墀校刊
民國上海文瑞樓石印本
川大

1762　醫學讀書記三卷續記一卷附靜香樓醫案一卷
子部/醫家類/醫話醫論之屬
（清）尤怡著 （清）程梅齡校訂
（清）張澐校訂 （清）鮑晟校刊
（清）謝森墀校刊
民國成都昌福公司鉛印本
省圖 川大 中醫大

1763　醫易通説二卷
子部/醫家類/醫話醫論之屬

（清）唐宗海撰
民國石印本
甘孜

1764　增訂醫醫病書二卷
子部/醫家類/醫話醫論之屬
（清）吳瑭著　（清）黃壽衮鑒定
（清）曹炳章注
民國四年（1915）紹興育新書局石印本
省圖　安州區　川大　中醫大

1765　增訂醫醫病書二卷
子部/醫家類/醫話醫論之屬
（清）吳瑭著　（清）黃壽衮鑒定
（清）曹炳章注
民國十三年（1924）紹興育新書局石印本
省圖　安州區

1766　中西醫話十卷
子部/醫家類/醫話醫論之屬
毛景義編輯
民國十一年（1922）上海江東茂記書局石印本
川大　中醫大

1767　籀簃醫話一卷
子部/醫家類/醫話醫論之屬
張壽頤著
民國影印本
省圖

1768　籀簃談醫一得集不分卷
子部/醫家類/醫話醫論之屬
張壽頤著
民國杭州中醫專校影印本
西昌

1769　著園醫話五卷附著園藥物學一卷
子部/醫家類/醫話醫論之屬
楊熙齡著
民國十二年（1923）京津印書局鉛印本
中醫大

養生之屬

1770　保身立命要言一卷
子部/醫家類/養生之屬
（清）劉沅著
民國二十八年（1939）樂善公所刻本
省圖

1771　陳氏太極拳圖説二卷首一卷附録一卷
子部/醫家類/養生之屬
陳鑫著
民國二十二年（1933）開封開明印

刷局鉛印本
西南交大

1772　晨操教材四編
子部/醫家類/養生之屬
彭禮南編
民國國立成都大學球新印刷廠鉛印本
川大

1773　家庭寶筏二十一卷
子部/醫家類/養生之屬
關絅之編纂
民國中華書局鉛印本
省圖

1774　健康秘訣一卷
子部/醫家類/養生之屬
盧世英著
民國同文石印局石印本
瀘州

1775　戒煙簡章説明書一卷
子部/醫家類/養生之屬
四川自立戒煙總社撰
民國二十年（1931）刻本
省圖

1776　青囊秘録四卷
子部/醫家類/養生之屬
（漢）華佗著　（唐）孫思邈述
民國十二年（1923）濟南道院鉛印本
川大

1777　素食概論一卷
子部/醫家類/養生之屬
釋風澤居士集撰
民國三十五年（1946）綿陽藝文石印社石印本
省圖

1778　萬壽仙書四卷
子部/醫家類/養生之屬
（明）羅洪先撰　（明）曹無極增輯
民國八年（1919）燚桂堂刻本
省圖

1779　修身寶鑒二卷
子部/醫家類/養生之屬
陳文經編輯
民國十四年（1925）上海會文堂書局鉛印本
省圖

1780　脩事指南一卷
子部/醫家類/養生之屬
（清）張叡著
民國十五年（1926）杭州抱經堂書局影印本
中醫大

1781　延壽藥言不分卷附録一卷
子部/醫家類/養生之屬
延壽堂主人纂輯
民國十三年（1924）上海中華印書局鉛印本
省圖　西昌

1782　養生保命録不分卷
子部/醫家類/養生之屬
（清）曹志遠撰
民國上海明善書局石印本
南充　西昌

1783　養生保命録二編
子部/醫家類/養生之屬
（清）曹志遠撰
民國上海求古齋書帖局石印本
西昌

1784　養生保命録一卷
子部/醫家類/養生之屬
史立庭撰
民國八年（1919）石印本
南充　川大

1785　養生保命録一卷
子部/醫家類/養生之屬
史立庭撰
民國石印本
省圖

1786　養生三要一卷
子部/醫家類/養生之屬
（清）袁開昌輯
民國七年（1918）潤德堂刻本
中醫大

1787　養真集二卷
子部/醫家類/養生之屬
（清）王士端撰
民國刻本
梓潼

1788　中國養生説輯覽不分卷
子部/醫家類/養生之屬
沈宗元編纂
民國十九年（1930）重慶啓文印刷公司鉛印本
成都

1789　尊生要旨一卷靈樞懸解二卷
子部/醫家類/養生之屬
（明）蔣學成彙編　（明）許樂善補訂 &靈樞懸解四卷　（清）黄元御解
民國影印本
省圖

1790　巢氏病源補養宣導法一卷
子部/醫家類/養生之屬/導引、氣功
廖平輯
民國成都存古書局刻本
省圖　樂山　川師大

1791　訂正因是子靜坐法一卷附録一卷靜坐法問題選録一卷因是子靜坐法續編一卷
子部/醫家類/養生之屬/導引、氣功
因是子著
民國三十七年（1948）商務印書館鉛印本
川大

1792　分行外功訣不分卷
子部/醫家類/養生之屬/導引、氣功
（□）□□撰
民國抄本
中醫大

1793　五分鐘呼吸體操一卷附圖一卷
子部/醫家類/養生之屬/導引、氣功
鄒伯暭譯
民國二十三年（1934）萬縣聚利生鉛印本
川大

1794　五禽圖呼吸運動法
子部/醫家類/養生之屬/導引、氣功
王禮庭述　孫培之校勘　李澤民筆記　喻支仙摩圖
民國十四年（1925）李澤民抄本
省圖

1795　五禽圖呼吸運動法一卷
子部/醫家類/養生之屬/導引、氣功
王禮庭述　孫培之校勘　李澤民筆記　喻支仙摩圖
民國十四年（1925）石印本
省圖

1796　五禽圖呼吸運動法一卷
子部/醫家類/養生之屬/導引、氣功
王禮庭述　孫培之校　李澤民筆記　喻支仙摩圖
民國王公同門會石印本
省圖

綜合之屬

1797　筆花醫鏡四卷
子部/醫家類/綜合之屬/通論
（清）江涵暾著
民國七年（1918）上海鑄記書局石印本
瀘州

1798　筆花醫鏡四卷
子部/醫家類/綜合之屬/通論
（清）江涵暾著
民國十年（1921）上海廣雅書局石印本
中醫大

1799　筆花醫鏡四卷
子部/醫家類/綜合之屬/通論
（清）江涵暾著
民國上海錦章圖書局石印本
川大

1800　筆花醫鏡四卷
子部/醫家類/綜合之屬/通論
（清）江涵暾著
民國上海章福記書局石印本
南充

1801　扁鵲心書三卷扁鵲心書神方一卷
子部/醫家類/綜合之屬/通論
（戰國）扁鵲傳　（宋）竇材重集　（清）胡玨參論
民國六年（1917）上海蜚英書局石印本
中醫大

1802　扁鵲心書三卷扁鵲心書神方一卷
子部/醫家類/綜合之屬/通論
（戰國）扁鵲傳　（宋）竇材重集

（清）胡玨參論
民國十七年（1928）江陰寶文堂重刻本
省圖

1803　扁鵲心書三卷扁鵲心書神方一卷
子部/醫家類/綜合之屬/通論
（戰國）扁鵲傳　（宋）竇材重集　（清）胡玨參論
民國上海千頃堂書局石印本
省圖　中醫大

1804　辨症用藥一卷
子部/醫家類/綜合之屬/通論
（□）□□撰
民國抄本
省圖

1805　辨證金鑒十二卷
子部/醫家類/綜合之屬/通論
（清）陳士鐸著
民國抄本
中醫大

1806　辨證録十四卷
子部/醫家類/綜合之屬/通論
（清）陳士鐸著
民國八年（1919）上海千頃堂書局石印本
川博

1807　辨證録十四卷
子部/醫家類/綜合之屬/通論
（清）陳士鐸著
民國刻本
南溪區

1808　辨證名言擇要不分卷
子部/醫家類/綜合之屬/通論
張燮恩撰
抄本
中醫大

1809　辨證奇聞十卷
子部/醫家類/綜合之屬/通論
（清）錢松著
民國二年（1913）上海校經山房石印本
中醫大

1810　辨證奇聞十卷
子部/醫家類/綜合之屬/通論
（清）錢松著
民國三年（1914）上海錦章圖書局石印本
達州　中醫大

1811　辨證奇聞十卷
子部/醫家類/綜合之屬/通論
（清）錢松撰
民國石印本
瀘州　南充　郫都

1812　辯證概要二十七節
子部/醫家類/綜合之屬/通論
（□）□□ 撰
民國抄本
瀘州

1813　辯證録十四卷附洞垣全書脉訣闡微一卷
子部/醫家類/綜合之屬/通論

（清）陳士鐸著
民國上海千頃堂書局石印本
川大

1814　補異諸症一卷
子部/醫家類/綜合之屬/通論
（□）□□撰
抄本
中醫大

1815　長沙方歌括六卷
子部/醫家類/綜合之屬/通論
（清）陳念祖撰　（清）陳蔚注
（清）陳元犀參訂　（清）陳心典校
（清）陳心蘭校
民國上海錦章圖書局石印本
崇州　達州　安州區　川博

1816　鈔本醫書
子部/醫家類/綜合之屬/通論
（□）□□撰
民國抄本
省圖

1817　成都國醫講習所雜病學講義一卷雜病補遺一卷
子部/醫家類/綜合之屬/通論
□□撰
民國成都國醫講習所鉛印本
中醫大

1818　大德重校聖濟總録二百卷目録一卷
子部/醫家類/綜合之屬/通論
（宋）徽宗趙佶敕撰　（清）王鳴珂
（清）王鳴鳳校
民國八年（1919）上海文瑞樓石印本
省圖　新都

1819　丹溪心法附餘二十四卷首一卷目録一卷
子部/醫家類/綜合之屬/通論
（元）朱震亨著　（明）方廣輯
民國九年（1920）浙紹墨潤堂石印本
中醫大

1820　丹溪心法附餘二十四卷首一卷目録一卷
子部/醫家類/綜合之屬/通論
（元）朱震亨著　（明）方廣輯
民國十三年（1924）上海江左書局石印本
省圖

1821　丹溪心法附餘二十四卷首一卷目録一卷
子部/醫家類/綜合之屬/通論
（元）朱震亨著　（明）方廣輯
民國上海文瑞樓石印本
中醫大

1822　丹溪心法附餘二十四卷首一卷目録一卷
子部/醫家類/綜合之屬/通論
（元）朱震亨著　（明）方廣輯
民國鉛印本
青羊

1823　丹溪朱氏脉因證治二卷
子部/醫家類/綜合之屬/通論
（元）朱震亨著
民國江左書林石印本
三臺　中醫大

1824　訂正東醫寶鑒湯液篇十一卷附一卷

子部/醫家類/綜合之屬/通論

（朝鮮）許浚撰

民國上海校經山房石印本

達州　達川區

1825　讀醫藥顧問記略一卷

子部/醫家類/綜合之屬/通論

（□）□□撰

民國抄本

成都

1826　鈍庵醫學一卷

子部/醫家類/綜合之屬/通論

（□）□□撰

民國抄本

中醫大

1827　分方異宜考

子部/醫家類/綜合之屬/通論

廖平著

民國四年（1915）成都存古書局刻本

川師大

1828　分類醫學菁華三卷

子部/醫家類/綜合之屬/通論

（清）周學海著

民國十七年（1928）上海廣益書局石印本

省圖　中醫大

1829　分類醫學菁華三卷

子部/醫家類/綜合之屬/通論

（清）周學海著

民國二十二年（1933）上海廣益書局石印本

中醫大

1830　馮氏錦囊秘録一卷

子部/醫家類/綜合之屬/通論

（清）馮兆張纂輯

民國鉛印本

青羊

1831　傅青主男科二卷

子部/醫家類/綜合之屬/通論

（清）傅山著　（清）金汝霖校

民國十一年（1922）上海啓新書局石印本

安州區

1832　傅青主男科二卷

子部/醫家類/綜合之屬/通論

（清）傅山著　（清）金汝霖校

民國上海進步書局石印本

綿竹　劍閣

1833　傅青主男科二卷

子部/醫家類/綜合之屬/通論

（清）傅山著　（清）金汝霖校

民國上海錦章圖書局石印本

榮縣

1834　傅青主男科二卷女科二卷附産後編二卷

子部/醫家類/綜合之屬/通論

（清）傅山著　（清）黄廷烈校勘

民國元年（1912）上海江東書局石印本

劍閣　安州區

1835　高士宗先生手授醫學真傳二卷
子部/醫家類/綜合之屬/通論
（清）曹增美等撰
抄本
中醫大

1836　高士宗先生手授醫學真傳二卷
子部/醫家類/綜合之屬/通論
（清）高世栻輯　（清）王嘉嗣等述
抄本
省圖

1837　古本十四經發揮不分卷
子部/醫家類/綜合之屬/通論
（元）滑壽撰
民國二十五年（1936）上海針灸雜誌社鉛印本
西昌

1838　古吴童氏重校醫宗必讀十卷
子部/醫家類/綜合之屬/通論
（清）李中梓著　（清）吴肇廣參
（清）李廷芳訂
民國十年（1921）上海錦章圖書局石印本
省圖

1839　古吴童氏重校醫宗必讀十卷
子部/醫家類/綜合之屬/通論
（清）李中梓著　（清）吴肇廣參
（清）李廷芳訂
民國十四年（1925）上海錦章圖書局石印本
省圖　新都　中醫大

1840　古吴童氏重校醫宗必讀十卷
子部/醫家類/綜合之屬/通論
（清）李中梓著　（清）吴肇廣參
（清）李廷芳訂
民國上海蔣春記書局石印本
中醫大

1841　光漢中醫專門學校醫學通論講義一卷
子部/醫家類/綜合之屬/通論
黄少禄編
民國鉛印本
中醫大

1842　歸安淩氏飼鶴亭集方不分卷
子部/醫家類/綜合之屬/通論
（清）凌奂纂
民國十七年（1928）石印本
中醫大

1843　鬼儆術三卷
子部/醫家類/綜合之屬/通論
陸晋笙編　陸成一校刊
民國二十四年（1935）蘇州鉛印本
省圖

1844　國醫初學捷徑六卷
子部/醫家類/綜合之屬/通論
鄭從周編著
民國抄本
中醫大

1845　國醫公報
子部/醫家類/綜合之屬/通論
中央國醫館編審委員會編輯
民國二十四年（1935）中央國醫館

編審委員會鉛印本
川大

1846　何氏新傳一卷
子部/醫家類/綜合之屬/通論
（清）何炫著
抄本
中醫大

1847　華氏醫學心傳五卷
子部/醫家類/綜合之屬/通論
華秉麾著
民國二十二年（1933）無錫錫成印刷公司鉛印本
省圖

1848　繪圖衛生至寶一卷
子部/醫家類/綜合之屬/通論
（□）□□撰
民國石印本
省圖

1849　急救易知一卷
子部/醫家類/綜合之屬/通論
（□）□□撰
民國鉛印本
省圖

1850　濟生拔粹十九卷
子部/醫家類/綜合之屬/通論
（元）杜思敬撰
民國二十七年（1938）商務印書館發行上海涵芬樓影印元刻本
川大　中醫大　川師大　西華師大

1851　濟世達生撮要一卷
子部/醫家類/綜合之屬/通論
（清）李樾輯
民國二年（1913）重慶治古堂刻本
中醫大

1852　濟世靈簽全卷不分卷
子部/醫家類/綜合之屬/通論
（□）□□撰
民國二十五年（1936）球新印刷廠鉛印本
西昌

1853　簡明寒温草二卷
子部/醫家類/綜合之屬/通論
張建中著
民國十九年（1930）鶴齡醫社鉛印本
中醫大

1854　精校加批增圖醫學入門八卷
子部/醫家類/綜合之屬/通論
（明）李梴著
民國上海校經山房石印本
南充

1855　精校衛生鴻寶六卷
子部/醫家類/綜合之屬/通論
古瀛西溪外史編輯
民國上海錦章圖書局石印本
西昌

1856　精校張氏醫通十六卷
子部/醫家類/綜合之屬/通論
（清）張璐撰
民國上海錦章圖書局石印本
西昌　青羊

1857　類證治裁八卷附一卷
子部/醫家類/綜合之屬/通論
（清）林佩琴著　（清）林芝本校

民國上海千頃堂書局影印本
省圖 中醫大

1858 民醫學堂醫藥雜抄一卷
子部/醫家類/綜合之屬/通論
（□）□□撰
民國抄本
省圖

1859 名醫方論四卷
子部/醫家類/綜合之屬/通論
（清）羅美輯 （清）柯琴參閱
（清）錢榮光校正
民國上海大成書局石印本
中醫大

1860 南坡居士歐陽輯瑞評注二卷
子部/醫家類/綜合之屬/通論
（清）周學霆著 （清）歐陽輯瑞評注
民國上海大成書局石印本
省圖

1861 弄丸心法八卷
子部/醫家類/綜合之屬/通論
（清）楊鳳庭著
民國鉛印本
青羊

1862 群經見智録三卷附古醫經論一卷
子部/醫家類/綜合之屬/通論
惲鐵樵學 何川 徐銓參校 &古醫經論一卷 韋格六著
民國鉛印本
省圖 樂山 中醫大

1863 儒門事親十五卷
子部/醫家類/綜合之屬/通論
（金）張從正著 （明）吴勉學校
民國上海千傾堂書局石印本
南充 中醫大

1864 儒門醫學三卷
子部/醫家類/綜合之屬/通論
（英）海德蘭撰 （英國）傅蘭雅口釋 （清）趙元益筆述
民國著易堂鉛印本
中醫大

1865 三世醫驗五卷
子部/醫家類/綜合之屬/通論
陸養愚 陸肖愚 陸祖愚撰
民國四年（1915）上海會文堂書局石印本
中醫大

1866 三消論一卷附温熱論一卷
子部/醫家類/綜合之屬/通論
（金）劉完素著 （清）周學海注 &温熱論一卷 （清）葉桂著 （清）周學海注
民國刻本
中醫大

1867 三因極一病源論粹十八卷
子部/醫家類/綜合之屬/通論
（宋）陳言編 吴錫璜評注 吴錫琮校
民國十六年（1927）上海鴻章書局石印本
省圖

1868　三因極一病源論粹十八卷
子部/醫家類/綜合之屬/通論
（宋）陳言編　吴錫璜評注　吴錫琮校
民國二十三年（1934）上海文瑞樓石印本
省圖 新都　中醫大

1869　三因極一病源論粹十八卷
子部/醫家類/綜合之屬/通論
（宋）陳言編　吴錫璜評注　吴錫琮校
民國二十三年（1934）上海鴻章書局石印本
省圖

1870　删補名醫方論八卷
子部/醫家類/綜合之屬/通論
（清）吴謙等纂
民國十六年（1927）上海鴻寶齋書局石印本
安州區

1871　删補名醫方論八卷
子部/醫家類/綜合之屬/通論
（清）吴謙等纂
抄本
雅安

1872　石室秘録六卷
子部/醫家類/綜合之屬/通論
（清）陳士鐸撰
民國元年（1912）上海江東書局石印本
綿竹 南充

1873　石室秘録六卷
子部/醫家類/綜合之屬/通論
（清）陳士鐸撰
民國六年（1917）上海普通書局石印本
中醫大

1874　石室秘録六卷
子部/醫家類/綜合之屬/通論
（清）陳士鐸撰
民國二十六年（1937）成都補刻本
川大

1875　壽世彙編不分卷
子部/醫家類/綜合之屬/通論
中西大藥房編
民國六年（1917）上海中西大藥房鉛印本
省圖

1876　壽世新編不分卷
子部/醫家類/綜合之屬/通論
（清）方潛齋編
民國三十四年（1945）樂中印書會鉛印本
中醫大

1877　述學外篇一卷别録一卷校勘記一卷補遺一卷
子部/醫家類/綜合之屬/通論
（清）汪中撰
民國刻本
中醫大

1878　四部總録醫藥編三卷
子部/醫家類/綜合之屬/通論
丁福保編　周雲青編

一九五五年商務印書館鉛印本
省圖

1879　嵩厓尊生書十五卷
子部/醫家類/綜合之屬/通論
（清）景日昣纂著
民國二十年（1931）上海錦章圖書局石印本
中醫大

1880　嵩厓尊生書十五卷
子部/醫家類/綜合之屬/通論
（清）景日昣纂著
民國上海錦章圖書局石印本
瀘州

1881　素仙簡要四卷
子部/醫家類/綜合之屬/通論
（清）奎瑛著輯　（清）奎禄校
民國三年（1914）上海石竹山房石印本
中醫大

1882　萬病回春八卷
子部/醫家類/綜合之屬/通論
（明）龔廷賢撰
民國上海錦章圖書局石印本
南充

1883　萬病回春八卷
子部/醫家類/綜合之屬/通論
（明）龔廷賢撰
民國上海掃葉山房石印本
瀘州

1884　王宇泰先生訂補古今醫鑒十六卷
子部/醫家類/綜合之屬/通論
（明）龔信纂輯　（明）龔廷賢續編　（明）王肯堂訂補
民國上海中一書局石印本
瀘州

1885　衛生十二法一卷
子部/醫家類/綜合之屬/通論
（□）□□撰
民國六年（1917）成都華英書局鉛印本
瀘州

1886　衛生要旨一卷
子部/醫家類/綜合之屬/通論
鍾秀芝編譯
民國十三年（1924）成都華英書局鉛印本
安州區

1887　衛生擇要一卷
子部/醫家類/綜合之屬/通論
張燮恩撰
民國抄本
中醫大

1888　吴醫彙講十一卷
子部/醫家類/綜合之屬/通論
（清）唐大烈纂輯
民國十二年（1923）成都昌福公司鉛印本
川大　中醫大

1889　五症明辨一卷
子部/醫家類/綜合之屬/通論
（□）□□
抄本
省圖　樂山

1890　先醒齋醫學廣筆記四卷
子部/醫家類/綜合之屬/通論
（明）繆希雍著　（明）丁元薦輯
（明）李枝季參訂　曹炳章校
民國八年（1919）上海集古閣石印本
省圖　樂山　中醫大

1891　校正醫學入門七卷首一卷
子部/醫家類/綜合之屬/通論
（明）李梴編著
民國十一年（1922）上海掃葉山房石印本
中醫大

1892　新編醫藥顧問一卷
子部/醫家類/綜合之屬/通論
陳國樹編
民國三十二年（1943）上海國學書局鉛印本
中醫大

1893　新生理一卷
子部/醫家類/綜合之屬/通論
惲鐵樵著
民國油印本
省圖

1894　新增全圖足本醫宗金鑒十五卷
子部/醫家類/綜合之屬/通論
（清）吴謙等纂
民國十四年（1925）上海鴻寶齋書局石印本
西昌

1895　新注醫學輯著解説十八卷
子部/醫家類/綜合之屬/通論
曹蔭南著
民國十九年（1930）石印本
省圖

1896　新注醫學輯著解説十八卷
子部/醫家類/綜合之屬/通論
曹蔭南著
民國二十一年（1932）復興石印館石印本
省圖　中醫大

1897　續增洗冤録辨正一卷
子部/醫家類/綜合之屬/通論
（清）瞿中溶撰　（清）李璋煜重訂
民國石印本
中醫大

1898　雪堂醫學真傳四卷
子部/醫家類/綜合之屬/通論
（清）魏瑶著
民國十九年（1930）蕪湖新民印刷所鉛印本
中醫大

1899　楊氏提綱四卷
子部/醫家類/綜合之屬/通論
（□）楊旭東輯　（□）黄成章校訂
民國抄本
省圖

1900　一壺天三卷
子部/醫家類/綜合之屬/通論
（清）鄧榮服著　（清）楊體仁纂輯
民國十八年（1929）蜀北果州棠華石印局石印本
省圖

1901　醫碥七卷
子部/醫家類/綜合之屬/通論
（清）何夢瑶輯　李林馥重校
民國十一年（1922）上海千頃堂書局石印本
省圖　川大　中醫大

1902　醫道還元九卷
子部/醫家類/綜合之屬/通論
李時品校
民國十九年（1930）北京天華館鉛印本
西昌

1903　醫鐸二集
子部/醫家類/綜合之屬/通論
張譚著
民國抄本
中醫大

1904　醫家四要四卷
子部/醫家類/綜合之屬/通論
（清）雷大震纂　（清）程曦纂　（清）江誠纂
民國成都昌福公司鉛印本
省圖　中醫大

1905　醫家四要四卷
子部/醫家類/綜合之屬/通論
（清）雷大震纂　（清）程曦纂　（清）江誠纂
民國上海千頃堂書局石印本
省圖　中醫大

1906　醫津二卷
子部/醫家類/綜合之屬/通論
錢雄萬輯
民國十一年（1922）錢氏貽直堂鉛印本
中醫大

1907　醫量一卷醫案一卷
子部/醫家類/綜合之屬/通論
陳無咎著
民國上海鉛印本
省圖

1908　醫門法律六卷
子部/醫家類/綜合之屬/通論
（清）喻昌著　（清）陳守誠重梓
民國五年（1916）南昌豫章書局喻嘉言刻本
遂寧

1909　醫門法律六卷
子部/醫家類/綜合之屬/通論
（清）喻昌著　（清）陳守誠重梓
民國上海江東書局石印本
成都　達州

1910　醫門法律六卷附尚論篇四卷後篇四卷寓意草一卷
子部/醫家類/綜合之屬/通論
（清）喻昌著　（清）陳守誠重梓
民國二十一年（1932）上海錦章圖書局石印本
中醫大

1911　醫門法律六卷附尚論篇四卷後篇四卷寓意草一卷
子部/醫家類/綜合之屬/通論
（清）喻昌著　（清）陳守誠重梓
民國上海廣益書局石印本
省圖　雅安

1912　醫門一字一卷
子部/醫家類/綜合之屬/通論
（清）魏長春著　魏觀　魏晋輯
幸際昌等校
民國抄本
省圖

1913　醫剩三卷附録一卷
子部/醫家類/綜合之屬/通論
（日本）櫟蔭拙者著
民國二十四年（1935）上海中醫書局鉛印本
中醫大

1914　醫師秘笈二卷
子部/醫家類/綜合之屬/通論
（清）李言恭撰
民國九年（1920）上海進化書局石印本
中醫大

1915　醫師秘笈二卷
子部/醫家類/綜合之屬/通論
（清）李言恭撰
民國十四年（1925）刻本
川大

1916　醫事蒙求一卷
子部/醫家類/綜合之屬/通論
張壽頤撰
民國二十三年（1934）鉛印本
省圖

1917　醫事蒙求一卷
子部/醫家類/綜合之屬/通論
張壽頤撰
民國石印本
省圖

1918　醫事啓源一卷
子部/醫家類/綜合之屬/通論
（日本）今邨亮著
民國影印本
成都

1919　醫書雜鈔一卷
子部/醫家類/綜合之屬/通論
（□）□□撰
抄本
大邑

1920　醫學辨正四卷
子部/醫家類/綜合之屬/通論
（清）張學醇著
民國九年（1920）補刻本
川大

1921　醫學崇正七卷首一卷
子部/醫家類/綜合之屬/通論
許宗正著
民國四年（1915）刻本
川大

1922　醫學初步三卷附攝生法一卷
子部/醫家類/綜合之屬/通論
顧鳴盛編
民國九年（1920）上海文明書局鉛印本
中醫大

1923　醫學初規十卷
子部/醫家類/綜合之屬/通論
汪道榮著　汪德元校字　汪德燿録稿
民國十六年（1927）石印本
省圖

1924　醫學初規十卷
子部/醫家類/綜合之屬/通論
汪道榮著　汪德元校字　汪德燿録稿
民國石印本
省圖

1925　醫學從衆録八卷
子部/醫家類/綜合之屬/通論
（清）陳念祖著（清）陳元犀參訂（清）陳心典校字（清）陳心蘭校字
民國上海錦章圖書局石印本
瀘州 達州 安州區 川博

1926　醫學從衆録八卷
子部/醫家類/綜合之屬/通論
（清）陳念祖著（清）陳元犀參訂（清）陳心典（清）陳心蘭校字
民國上海圖書集成印書局鉛印本
遂寧

1927　醫學叢鈔不分卷
子部/醫家類/綜合之屬/通論
（□）□□撰
民國抄本
中醫大

1928　醫學貫通五卷
子部/醫家類/綜合之屬/通論
楊湑編撰　楊國俊等校
民國二十一年（1932）四川朱墨石印本
省圖

1929　醫學集成四卷
子部/醫家類/綜合之屬/通論
（清）劉仕廉纂輯（清）李培郁校正（清）劉仕鵬校閱
民國三年（1914）成都博文堂刻本
成都 自貢 瀘州 達州 崇州 三臺 温江 南溪區 川大 中醫大

1930　醫學集成四卷
子部/醫家類/綜合之屬/通論
（清）劉仕廉纂輯（清）李培郁校正（清）劉仕鵬校閱
民國十一年（1922）成都昌福公司鉛印本
省圖 川大 中醫大

1931　醫學輯要一卷
子部/醫家類/綜合之屬/通論
（清）吴燡編
民國抄本
省圖

1932　醫學輯著解説十八卷
子部/醫家類/綜合之屬/雜著
曹蔭南撰
民國十九年（1930）石印本
新都 温江

1933　醫學見能四卷首一卷
子部/醫家類/綜合之屬/通論
（清）唐宗海著　秦伯未批校
民國十八年（1929）上海中醫書局石印謙齋醫學叢書本
省圖

1934　醫學見能四卷首一卷
子部/醫家類/綜合之屬/通論
（清）唐宗海著　秦伯未批校
民國二十一年（1932）石印本
省圖

1935　醫學見能四卷首一卷
子部/醫家類/綜合之屬/通論
（清）唐宗海著　秦伯未批校
民國二十三年（1934）國光印書局石印本
省圖

1936　醫學見能四卷首一卷
子部/醫家類/綜合之屬/通論
（清）唐宗海著　秦伯未批校
民國二十三年（1934）上海中醫書局石印本
省圖

1937　醫學津梁六卷
子部/醫家類/綜合之屬/通論
（明）王肯堂撰　（清）岳昌源删補
（清）陳洙重訂
民國八年（1919）上海千頃堂書局石印本
川大　中醫大

1938　醫學津梁六卷
子部/醫家類/綜合之屬/通論
（明）王肯堂撰　（清）岳昌源删補
（清）陳洙重訂
民國上海孚華書局石印本
川大

1939　醫學精要七卷
子部/醫家類/綜合之屬/通論
（清）黃岩著
民國十二年（1923）上海萃英書局石印本
中醫大

1940　醫學門徑語一卷繼編一卷
子部/醫家類/綜合之屬/通論
陳邦賢撰 &醫學門徑語續編一卷萬鍾撰
民國上海醫學書局鉛印本
省圖

1941　醫學南針十卷續集六卷
子部/醫家類/綜合之屬/通論
陸士諤編
民國十三年（1924）至十七年（1928）世界書局石印本
省圖　中醫大

1942　醫學南針續集六卷
子部/醫家類/綜合之屬/通論
陸士諤撰
民國十四年（1925）世界書局石印本
成都

1943　醫學入門二卷
子部/醫家類/綜合之屬/通論
（明）李梴編著　（明）李聰校寫
周本一輯　周懷璞校　周禹勘誤
民國二十年（1931）渝商印書館鉛印本
省圖　中醫大

1944　醫學入門内集二卷附一卷外集五卷首一卷
子部/醫家類/綜合之屬/通論
（明）李梴編著　（明）李聰校寫
江忍庵校正
民國上海錦章圖書局石印本
省圖　達州　中醫大

1945　醫學入門内集二卷附一卷外集五卷首一卷
子部/醫家類/綜合之屬/通論
（明）李梴編著　（明）李聰校寫
江忍庵校正
民國上海廣益書局石印本
中醫大

1946　醫學三字經二卷
子部/醫家類/綜合之屬/通論
（清）陳念祖著　（清）龍萬育訂梓
（清）陳元豹　（清）陳元犀校
民國抄本
成都

1947　醫學三字經四卷
子部/醫家類/綜合之屬/通論
（清）陳念祖著　（清）龍萬育訂梓
（清）陳元豹　（清）陳元犀校
民國八年（1919）上海錦章圖書局石印本
省圖　成都　自貢　瀘州　江油　榮縣　安州區

1948　醫學三字經四卷
子部/醫家類/綜合之屬/通論
（清）陳念祖著　（清）龍萬育訂梓
（清）陳元豹　（清）陳元犀校
民國上海大成書局石印本
郫都

1949　醫學三字經四卷
子部/醫家類/綜合之屬/通論
（清）陳念祖著　（清）龍萬育訂梓
（清）陳元豹　（清）陳元犀校
民國上海文華書局石印本
大邑

1950　醫學實在易八卷
子部/醫家類/綜合之屬/通論
（清）陳念祖著　（清）陳元犀参訂
（清）陳心典　（清）陳心蘭校字
民國上海章福記書局石印本
瀘州

1951　醫學實在易八卷
子部/醫家類/綜合之屬/通論
（清）陳念祖著　（清）陳元犀参訂
（清）陳心典　（清）陳心蘭校字
民國上海錦章圖書局石印本
瀘州　達州　西昌　崇州　江油　安州區　中醫大　川博

1952　醫學實在易詩續不分卷
子部/醫家類/綜合之屬/通論
仲屏口誦
民國抄本
犍為

1953　醫學史綱要一卷
子部/醫家類/綜合之屬/通論
徐庶遥增編
民國鉛印本
成都

1954　醫學史三卷
子部/醫家類/綜合之屬/通論
孫永祚編
民國油印本
省圖

1955　醫學史一卷
子部/醫家類/綜合之屬/通論
李子俊輯

民國四川高等國醫學校石印本
省圖

1956　醫學探源六卷
子部/醫家類/綜合之屬/通論
陳鼎三輯著　陳宗常鑒定　歐陽惠校
民國三十一年（1942）石印本
省圖　中醫大

1957　醫學探源六卷附醫學探源敘一卷
子部/醫家類/綜合之屬/通論
陳鼎三著
民國三十一年（1942）四川石印本
省圖

1958　醫學通靈三卷
子部/醫家類/綜合之屬/通論
余道善著輯
民國十九年（1930）大理樂真堂石印本
中醫大

1959　醫學問難一卷
子部/醫家類/綜合之屬/通論
范烈光編
民國成都文華印字館鉛印本
省圖

1960　醫學心悟六卷
子部/醫家類/綜合之屬/通論
（清）程國彭著
民國三年（1914）上海錦章圖書局石印本
省圖　自貢　中醫大

1961　醫學心悟六卷
子部/醫家類/綜合之屬/通論
（清）程國彭著
民國三十一年（1942）上海錦章圖書局石印本
安州區

1962　醫學心悟六卷
子部/醫家類/綜合之屬/通論
（清）程國彭著
民國上海鑄記書局石印本
安州區

1963　醫學心悟六卷
子部/醫家類/綜合之屬/通論
（清）程國彭著
民國上海廣益書局石印本
省圖　安州區

1964　醫學易通八卷
子部/醫家類/綜合之屬/通論
（清）陳念祖撰　（清）潘偉如輯
民國十二年（1923）上海中華新教育社石印本
中醫大

1965　醫學引端二卷
子部/醫家類/綜合之屬/通論
王永鑒著
民國二十五年（1936）石印本
省圖

1966　醫學引深録二卷
子部/醫家類/綜合之屬/通論
何仲皋著
民國四川高等國醫學校社鉛印本
省圖

1967 醫學真傳一卷
子部/醫家類/綜合之屬/通論
（清）高世栻著 （清）王嘉嗣 曹增美等述
民國抄本
省圖

1968 醫學正傳八卷
子部/醫家類/綜合之屬/通論
（明）虞摶編集
民國上海會文堂書局石印本
省圖 瀘州 川大 中醫大

1969 醫學正旨三卷
子部/醫家類/綜合之屬/通論
蒲悉生著
民國八年（1919）刻本
省圖

1970 醫學指南十卷
子部/醫家類/綜合之屬/通論
陸士諤編輯
民國九年（1920）上海廣文書局石印本
中醫大

1971 醫學指南四卷
子部/醫家類/綜合之屬/通論
（清）劉仕廉輯 （清）李培郁校正 （清）劉仕鵬等校閲
民國益新書局石印本
省圖

1972 醫學衷中參西録第七期四卷
子部/醫家類/綜合之屬/通論
張錫純著 張蔭潮彙訂 張銘盛等參訂 李寶龢等參校
民國抄本
省圖

1973 醫驗録二卷
子部/醫家類/綜合之屬/通論
林有倫著
民國石印本
中醫大

1974 醫藥衛生録不分卷附丸散膏丹自療簡編一卷
子部/醫家類/綜合之屬/通論
岑炳璜撰 陳仲德校
民國十八年（1929）濟生堂參藥總號鉛印本
中醫大

1975 醫原二卷
子部/醫家類/綜合之屬/通論
（清）石壽棠撰
民國抄本
中醫大

1976 醫宗寶鏡五卷
子部/醫家類/綜合之屬/通論
（清）鄧復旦撰
民國上海錦章圖書局石印本
省圖

1977 醫宗必讀一卷
子部/醫家類/綜合之屬/通論
（明）李中梓著
民國鉛印本
梓潼

1978 醫宗金鑒外科十六卷
子部/醫家類/綜合之屬/通論

（清）吴謙等纂　（清）劉裕鐸總修
民國八年（1919）上海廣益書局石印本
成都

1979　醫宗金鑒外科十六卷
子部/醫家類/綜合之屬/通論
（清）吴謙等纂　（清）劉裕鐸總修
民國上海錦章圖書局石印本
成都　西昌　自貢鹽博

1980　醫宗説約六卷
子部/醫家類/綜合之屬/通論
（清）蔣示吉纂述
民國上海廣益書局石印本
省圖

1981　醫宗説約六卷
子部/醫家類/綜合之屬/通論
（清）蔣示吉纂述
民國上海萃英書局石印本
中醫大

1982　醫宗説約六卷
子部/醫家類/綜合之屬/通論
（清）蔣示吉纂述
民國鑄記書局石印本
南充

1983　醫宗説約六卷
子部/醫家類/綜合之屬/通論
（清）蔣示吉纂述
民國上海錦章圖書局石印本
川大

1984　義軒秘符不分卷
子部/醫家類/綜合之屬/通論
何仲皋撰
民國石印本
省圖

1985　惲鐵樵演講録一卷
子部/醫家類/綜合之屬/通論
惲鐵樵著　章巨膺編校
民國二十四年（1935）上海新群印刷所鉛印本
省圖　成都　中醫大

1986　雜病賦注解一卷
子部/醫家類/綜合之屬/通論
（明）龔廷賢著
民國三十八年（1949）戴明森抄本
中醫大

1987　在醫言醫一卷附録一卷
子部/醫家類/綜合之屬/通論
徐相任著
民國二十二年（1933）漢文正楷印書局鉛印本
中醫大

1988　增補萬病回春原本八卷
子部/醫家類/綜合之屬/通論
（明）龔廷賢編　（明）周亮登校
民國六年（1917）上海普通書局石印本
省圖　中醫大

1989　增補萬病回春原本八卷
子部/醫家類/綜合之屬/通論
（明）龔廷賢編　（明）周亮登校
民國上海錦章圖書局石印本
南充　新都

1990　增補醫方捷徑二卷
子部/醫家類/綜合之屬/通論
（清）王宗顯輯
民國成都存古書局刻本
南充

1991　增補醫方一盤珠全集十卷首一卷
子部/醫家類/綜合之屬/通論
（清）洪金鼎纂　（清）洪濂洛參訂
民國三十六年（1947）成都刻本
中醫大

1992　增補醫方一盤珠全集十卷首一卷
子部/醫家類/綜合之屬/通論
（清）洪金鼎纂　（清）洪濂洛參訂
民國石印本
省圖　郫都　中醫大

1993　增補醫林狀元壽世保元十卷
子部/醫家類/綜合之屬/通論
（明）龔廷賢撰　（清）周亮登校
民國七年（1918）上海普通書局石印本
省圖

1994　增補醫林狀元壽世保元十卷
子部/醫家類/綜合之屬/通論
（明）龔廷賢撰　（清）周亮登校
民國上海錦章圖書局石印本
瀘州　安州區　川大

1995　增補醫林狀元壽世保元十卷附太乙神針一卷
子部/醫家類/綜合之屬/通論
（明）龔廷賢編　（明）龍定國校　（明）龍安國校&太乙神針一券　（清）范毓錡傳　（清）周雍和編
一九五四——一九五五年上海錦章圖書局石印本
安州區

1996　增批評點醫門棒喝十三卷
子部/醫家類/綜合之屬/通論
（清）章楠著
民國十八年（1929）紹興墨潤堂石印本
西昌

1997　張氏醫通十六卷
子部/醫家類/綜合之屬/通論
（清）張璐纂述　（清）張登参訂　（清）張倬參訂　（日本）前田安宅訂
民國上海錦章圖書局石印本
崇州　遂寧　青羊

1998　張氏醫通十六卷
子部/醫家類/綜合之屬/通論
（清）張璐纂述　（清）張登參訂　（清）張倬參訂　（日本）前田安宅訂
民國鉛印本
瀘州

1999　證治輯要四卷目録二卷
子部/醫家類/綜合之屬/通論
姚濟蒼輯
民國十九年（1930）北京天華館鉛印本
省圖

2000　證治輯要四卷目録二卷
子部/醫家類/綜合之屬/通論

姚濟蒼著
民國二十五年（1936）北京天華館鉛印本
西昌 中醫大

2001 證治輯要四卷目録二卷
子部/醫家類/綜合之屬/通論
姚濟蒼著
民國三十七年（1948）鉛印本
中醫大

2002 證治金針四卷
子部/醫家類/綜合之屬/通論
周萬欽修
民國稿本
省圖

2003 證治心得十二卷
子部/醫家類/綜合之屬/通論
（清）吴炳著 吴仁均等參 周經樾等校
民國十五年（1926）惜陰書屋吴氏鉛印本
省圖 中醫大

2004 證治指南一卷
子部/醫家類/綜合之屬/通論
四川國醫學院編
民國鉛印本
成都

2005 知醫快捷方式一卷
子部/醫家類/綜合之屬/通論
（清）錢榮國編 （清）錢夔校
民國十三年（1924）江陰錢氏石印本
省圖

2006 中國國醫學會陝西省西安市分會章程一卷
子部/醫家類/綜合之屬/通論
中國國醫學會陝西省西安市分會編
民國油印本
省圖

2007 中國歷代醫學史略一卷
子部/醫家類/綜合之屬/通論
張繼勛編纂 張仲勛等參校
民國二十二年（1933）中國醫藥書局鉛印本
省圖 中醫大

2008 中國歷代醫書藝文志一卷
子部/醫家類/綜合之屬/通論
（漢）班固等撰
民國抄本
中醫大

2009 中國醫學初桄四卷
子部/醫家類/綜合之屬/通論
（日本）矢數有道撰
民國三十年（1941）國醫職業分會鉛印本
中醫大

2010 中國醫學大辭典
子部/醫家類/綜合之屬/通論
謝觀編
民國商務印書館鉛印本
南充

2011 中國醫學史綱要不分卷
子部/醫家類/綜合之屬/通論
陳永梁編述

民國三十六年（1947）光華圖書印務公司鉛印本
省圖

2012　中國醫學史一卷
子部/醫家類/綜合之屬/通論
陳邦賢編纂
民國九年（1920）上海醫學書局鉛印本
省圖

2013　中國醫學史一卷
子部/醫家類/綜合之屬/通論
陳邦賢編纂
民國十八年（1929）醫學書局鉛印本
中醫大

2014　中國醫學通論不分卷
子部/醫家類/綜合之屬/雜著
□□撰
民國四川中醫學院鉛印本
中醫大

2015　中國醫學通論一卷
子部/醫家類/綜合之屬/通論
陳升之著
民國二十九年（1940）四川印刷局鉛印本
成都

2016　中國醫學通論一卷
子部/醫家類/綜合之屬/通論
陳升之著
民國二十九年（1940）四川帳表工業社鉛印本
中醫大

2017　中國醫學通論一卷
子部/醫家類/綜合之屬/通論
陳升之著
民國十六年（1927）成都清明石印館石印本
省圖

2018　中國醫學源流論不分卷
子部/醫家類/綜合之屬/通論
謝利恒著 張贊臣校録
民國二十四年（1935）澄齋醫社鉛印本
省圖 瀘州 中江 川大 中醫大 西華師大

2019　中國醫學之精髓不分卷
子部/醫家類/綜合之屬/通論
張鴻生撰　張俊明　張敦校
民國三十年（1941）石印本
省圖

2020　中國醫學之精髓不分卷
子部/醫家類/綜合之屬/通論
張鴻生撰　張俊明　張敦校
民國三十一年（1942）石印本
省圖

2021　中國醫學之精髓不分卷
子部/醫家類/綜合之屬/通論
張鴻生撰　張俊明　張敦校
民國石印本
省圖 瀘州

2022　中華藥典不分卷
子部/醫家類/綜合之屬/通論
衛生部編

民國十九年（1930）中華書局鉛印本
南充

2023　中西彙參銅人圖説一卷
子部/醫家類/綜合之屬/通論
（清）劉鐘衡著
民國石印本
川大

2024　中西彙參醫學不分卷
子部/醫家類/綜合之屬/通論
（清）□□撰
民國廣益書局鉛印本
達州

2025　中西醫判二卷
子部/醫家類/綜合之屬/通論
（清）唐宗海著
民國三年（1914）上海千頃堂書局石印本
省圖　瀘州　川大　中醫大

2026　中西醫判二卷
子部/醫家類/綜合之屬/通論
（清）唐宗海著
民國三年（1914）百草廬校石印本
德陽

2027　中西醫判二卷
子部/醫家類/綜合之屬/通論
（清）唐宗海著
民國五年（1916）重慶中西書局鉛印本
省圖

2028　中醫病理學會宗一卷
子部/醫家類/綜合之屬/通論
劉寶森著述
民國二十六年（1937）上海中醫書局鉛印本
中醫大

2029　中醫抄本一卷
子部/醫家類/綜合之屬/通論
（□）□□撰
民國抄本
中醫大

2030　中醫改進芻論一卷
子部/醫家類/綜合之屬/通論
張熊飛撰
民國十三年（1924）鉛印本
中醫大

2031　中醫實驗談八卷
子部/醫家類/綜合之屬/通論
蒲湘澄編　蒲從周等參閲　殷蘊鳶等校
民國二十九年（1940）刻本
省圖

2032　中醫實驗談四卷
子部/醫家類/綜合之屬/通論
蒲湘澄編　蒲從周等參閲　殷蘊鳶等校
民國綿陽石印本
省圖

2033　中醫實驗談四卷
子部/醫家類/綜合之屬/通論
蒲湘澄編　蒲從周等參閲　殷蘊鳶等校
民國油印本
省圖

2034　重校醫宗必讀十卷
子部/醫家類/綜合之屬/通論
（明）李中梓著
民國十四年（1925）上海錦章圖書局石印本
西昌

2035　周禮醫師補注一卷附義生堂書目提要一卷
子部/醫家類/綜合之屬/通論
（漢）鄭玄注　&義生堂書目提要一卷　張驥輯
民國二十四年（1935）成都張氏義生堂刻本
大邑

2036　竹齋醫學叢刊不分卷
子部/醫家類/綜合之屬/通論
黄竹齋著
民國二十五年（1936）西山書局鉛印本
中醫大

2037　最新中醫學課一卷
子部/醫家類/綜合之屬/通論
（□）□□撰
抄本
省圖

2038　本經逢原四卷附石頑老人診宗三昧一卷
子部/醫家類/綜合之屬/合刻、合抄
（清）張璐纂述　&石頑老人診宗三昧一卷　（清）張登編次
民國石印本
省圖

2039　本草品彙精要四十二卷目録一卷附續集十卷脉訣四言舉要二卷脉訣考證一卷校勘記一卷續集校勘記一卷
子部/醫家類/綜合之屬/合刻、合抄
（明）劉文泰等纂　&續集十卷（明）王道純　（明）江兆元纂輯　&脉訣四言舉要二卷脉訣考證一卷（宋）崔嘉彦著　（明）王道純注釋　&校勘記一卷續集校勘記一卷　謝利恒撰
民國二十五年（1936）上海商務印書館鉛印本
省圖　瀘州　西昌　温江　崇州　安州區　川大

2040　本草品彙精要四十二卷目録一卷附續集十卷脉訣四言舉要二卷脉訣考證一卷校勘記一卷續集校勘記一卷
子部/醫家類/綜合之屬/合刻、合抄
（明）劉文泰等纂　&續集十卷（明）王道純（明）江兆元纂輯　&脉訣四言舉要二卷脉訣考證一卷（宋）崔嘉彦著　（明）王道純注釋　&校勘記一卷續集校勘記一卷　謝利恒撰
民國二十六年（1937）商務印書館鉛印本
省圖　中醫大

2041　編輯傷寒心法要訣不分卷附編輯雜病心法要訣不分卷編輯婦科心法要訣不分卷
子部/醫家類/綜合之屬/合刻、合抄
（清）吴謙等輯

民國抄本
省圖

2042　辨太陽病脉證一卷辨陽明病脉證一卷靈素微旨一卷
子部/醫家類/綜合之屬/合刻、合抄
（□）□□撰
民國抄本
省圖　樂山

2043　赤水玄珠三十卷附醫旨緒餘二卷醫案五卷
子部/醫家類/綜合之屬/合刻、合抄
（明）孫一奎撰
民國三年（1914）鉛印本
西華師大

2044　赤水玄珠全集三十卷附醫案五卷醫旨緒餘二卷
子部/醫家類/綜合之屬/合刻、合抄
（明）孫一奎撰
民國三年（1914）上海著易堂鉛印本
南充　中醫大

2045　赤水玄珠全集三十卷附醫案五卷醫旨緒餘二卷
子部/醫家類/綜合之屬/合刻、合抄
（明）孫一奎撰
民國二十年（1931）浙東草堂鉛印本
中醫大

2046　達生編二卷增廣達生編一卷遂生編一卷福幼編一卷時疫白喉捷要一卷續增保嬰編一卷
子部/醫家類/綜合之屬/合刻、合抄
（清）亟齋居士撰　&福幼遂生合編二卷（清）莊一夔撰　&附時疫白喉捷要一卷　（清）張紹修撰
民國二年（1913）刻本
省圖　廣元　犍為

2047　達生編三種附福幼編一卷新訂小兒科臍風驚風合編一卷
子部/醫家類/綜合之屬/合刻、合抄
（清）亟齋居士撰　&福幼編一卷（清）莊一夔著　&新訂小兒科臍風驚風合編一卷　（清）鮑相璈輯
民國影印本
省圖　江油

2048　達生編一卷附治癲狗咬傷毒發欲死經驗方一卷經驗靈藥説明書一卷
子部/醫家類/綜合之屬/合刻、合抄
（清）亟齋居士等撰
民國十二年（1923）上海明德書局鉛印本
中醫大

2049　達生編一卷曾廣一卷内附慈幼一卷遂生一卷福幼一卷合編
子部/醫家類/綜合之屬/合刻、合抄
（清）亟齋居士等撰
民國三年（1914）成都菁華書莊刻本
安岳

2050　鄧氏醫書雜略方脉真傳不分卷附湯頭歌括不分卷
子部/醫家類/綜合之屬/合刻、合抄
（□）□□撰
民國二十六年（1937）張智和抄本
省圖

2051 兒科學講義一卷婦科學一卷
子部/醫家類/綜合之屬/合刻、合抄
謝銓鎔編 &婦科學一卷 喬君實編
民國二十一年（1932）鉛印本
成都

2052 福幼編一卷遂生編一卷廣生編一卷
子部/醫家類/綜合之屬/合刻、合抄
（清）莊一夔著 （清）莊一鶴校訂 張武銈重校 &遂生編一卷 （清）莊一夔著 （清）畢沅校訂 張武銈重校 &廣生編一卷 張武銈輯
民國二十三年（1934）杭州正則印書館鉛印本
省圖

2053 福幼編一卷遂生編一卷
子部/醫家類/綜合之屬/合刻、合抄
（清）莊一夔著
民國鉛印本
省圖

2054 福幼編一卷平辨脉法歌括一卷局方發揮一卷古今醫論一卷養生鏡一卷顱顖經二卷
子部/醫家類/綜合之屬/合刻、合抄
（清）莊一夔撰 &平辨脉法歌括一卷 （清）黄鈺撰 &局方發揮一卷 （元）朱震亨撰 &古今醫論一卷 （清）□□撰 &養生鏡一卷 （清）陸樂山撰 &顱顖經二卷 （宋）□□撰
民國石印本
崇州

2055 古今醫史七卷續增二卷附録王宏翰案一卷
子部/醫家類/綜合之屬/合刻、合抄
（清）王宏翰輯 （清）錢顧琛參訂
民國抄本
省圖

2056 急救易知一卷附瘟疫及各證預防法一卷奇病一卷
子部/醫家類/綜合之屬/合刻、合抄
（□）□□撰
民國中華書局鉛印本
省圖 廣安區

2057 校正增廣驗方新編十六卷首一卷痧症全書三卷首一卷
子部/醫家類/綜合之屬/合刻、合抄
（清）鮑相璈輯
民國元年（1912）上海會文堂書局石印本
省圖 川大

2058 精校本草綱目五十二卷附圖一卷藥品總目一卷脉學脉訣經八脉考三卷萬方針綫八卷拾遺十卷正誤一卷
子部/醫家類/綜合之屬/合刻、合抄
（明）李時珍著 （清）吴毓昌校訂 &藥品總目一卷（清）蔡烈先輯 &脉學脉訣經八脉考三卷 （明）李時珍著 &萬方針綫八卷 （清）蔡烈先輯 &拾遺十卷正誤一卷 （清）趙學敏輯
民國五年（1916）上海鴻寶齋書局石

印本
省圖 江油 富順 温江

2059 釐正按摩要術四卷鬻嬰提要説一卷痧喉正義一卷
子部/醫家類/綜合之屬/合刻、合抄
（清）張振鋆纂輯 （清）張質
（清）韓廣宏校刊
民國二十三年（1934）國光印書局石印本
省圖

2060 釐正按摩要術四卷鬻嬰提要説一卷痧喉正義一卷
子部/醫家類/綜合之屬/合刻、合抄
（清）張振鋆纂輯 （清）張質
（清）韓廣宏校刊
民國二十三年（1934）上海中醫書局影印本
省圖

2061 釐正按摩要術四卷鬻嬰提要説一卷痧喉正義一卷
子部/醫家類/綜合之屬/合刻、合抄
（清）張振鋆纂輯 （清）張質
（清）韓廣宏校刊
民國聚昌公司鉛印本
省圖

2062 秘本眼科捷徑一卷附傷寒舌診一卷咽喉脉證通論一卷白喉治法抉微一卷急救喉痧要法一卷喉痧正的一卷
子部/醫家類/綜合之屬/合刻、合抄
（元）杜清碧撰 &白喉治法抉微
（□）洞主仙師撰 &喉痧正的
（清）曹心怡著
民國上海錦章圖書局石印本
中江

2063 明周慎齋先生醫家秘奥脉法二卷三書三卷附查了吾先生正陽篇選録一卷胡慎柔先生五書要語一卷醫家秘奥筆談摘要一卷
子部/醫家類/綜合之屬/合刻、合抄
（清）陳嘉璴注述 方伯屏鑒訂
方鳴謙校字 李兆雄參校
民國十九年（1930）北京翰文齋影印本
省圖

2064 濕症金壺録一卷附雜症名方一卷抱春盧醫案一卷
子部/醫家類/綜合之屬/合刻、合抄
謝掄元著
民國十八年（1929）止止居鉛印本
中醫大

2065 傷寒兼證析義一卷石頭老人診宗三昧一卷
子部/醫家類/綜合之屬/合刻、合抄
（清）張璐撰
民國十四年（1925）上海錦章圖書局石印本
崇州 中醫大

2066 傷寒鈐法一卷附原機啓微二卷附録一卷
子部/醫家類/綜合之屬/合刻、合抄
（漢）張機著 （明）吴中珩校 & 原機啓微二卷附録一卷 （元）倪維德著 （明）薛己校

民國上海大成書局石印本
瀘州

2067　素問靈臺秘典論篇新解一卷靈素五解篇一卷内經平脉考一卷
子部/醫家類/綜合之屬/合刻、合抄
廖平撰
民國十年（1921）四川存古書局刻本
省圖　樂山

2068　遂生編一卷福幼編一卷廣生編一卷
子部/醫家類/綜合之屬/合刻、合抄
（清）莊一夔撰　&福幼編一卷（清）莊一夔撰　&廣生編一卷（清）包誠撰
民國二十三年（1934）鉛印本
成都

2069　湯頭歌訣本草備要合刊
子部/醫家類/綜合之屬/合刻、合抄
（清）汪昂著
民國上海廣益書局石印本
南充

2070　太醫院增補青囊藥性賦直解一卷附醫方快捷方式一卷藥性歌括一卷四言舉要一卷
子部/醫家類/綜合之屬/合刻、合抄
（明）羅必煒參訂　&醫方快捷方式一卷　（明）羅必煒校正　&藥性歌括一卷　（明）龔廷賢撰　&四言舉要一卷　（宋）崔嘉彦著　（明）李言聞删補
民國八年（1919）上海錦章圖書局石印本
成都　中醫大

2071　太醫院增補青囊藥性賦直解一卷附醫方快捷方式一卷藥性歌括一卷四言舉要一卷
子部/醫家類/綜合之屬/合刻、合抄
（明）羅必煒參訂　&醫方快捷方式一卷　（明）羅必煒校正　&藥性歌括一卷　（明）龔廷賢撰　&四言舉要一卷　（宋）崔嘉彦著　（明）李言聞删補
民國上海大成書局石印本
省圖

2072　王洪緒先生外科證治全生一卷附傷寒舍鑒一卷秘本眼科快捷方式一卷
子部/醫家類/綜合之屬/合刻、合抄
（清）王維德撰　&傷寒舍鑒一卷（清）張登撰　&秘本眼科快捷方式一卷　（清）□□撰
民國石印本
成都

2073　温病問題之解决一卷附霍亂證與痧證鑒别及治療法一卷
子部/醫家類/綜合之屬/合刻、合抄
冉劍虹撰
民國八年（1919）文藻齋鉛印本
省圖

2074　西安市國粹中醫學校生理學講義一卷西安市國粹中醫學校病理學講義一卷
子部/醫家類/綜合之屬/合刻、合抄
沈反白編

民國影印本
省圖

2075　瘍科心得集四卷附家用膏丹丸散方一卷景岳新方歌括一卷
子部/醫家類/綜合之屬/合刻、合抄
（清）高秉鈞纂輯　（清）吴辰燦参訂　（清）高觀海校　&家用膏丹丸散方一卷（□）□□撰　&景岳新方歌括一卷　（清）高秉鈞等纂
民國上海鴻章書局石印本
省圖

2076　醫案春集一卷附谷騰鳳傳一卷蛇咬草藥並符術諸方一卷
子部/醫家類/綜合之屬/合刻、合抄
□□注
民國抄本
省圖

2077　醫方集解本草圖説合刻
子部/醫家類/綜合之屬/合刻、合抄
（清）汪昂著
民國上海章福記書局石印本
南充

2078　醫方捷徑指南全書二卷附新刻校正大字李東垣先生珍珠囊二卷
子部/醫家類/綜合之屬/合刻、合抄
（明）王宗顯輯
民國三年（1914）成都刻本
中醫大

2079　醫約四卷附死候概要一卷
子部/醫家類/綜合之屬/合刻、合抄
（清）程芝田著　龔香圃補略　&死候概要一卷　龔香圃述
民國十六年（1927）鉛印六一草堂醫學叢書本
省圖

2080　醫約四卷附死候概要一卷
子部/醫家類/綜合之屬/合刻、合抄
（清）程芝田著　龔香圃補略　&死候概要一卷　龔香圃述
民國十九年（1930）六一草堂鉛印本
省圖　川大

2081　藥品總目一卷本草萬方針綫八卷
子部/醫家類/綜合之屬/合刻、合抄
（清）蔡烈先輯
民國二年（1913）上海鴻寶齋書局石印本
川師大

2082　引痘略一卷温熱條辨一卷醫家心法一卷
子部/醫家類/綜合之屬/合刻、合抄
引痘略一卷　（清）邱熺撰&温熱條辨一卷　（清）薛生白著&醫家心法一卷　（清）高鼓峰撰
民國四年（1915）重慶中西書局鉛印本
廣元

2083　引痘略一卷附十藥神書批注一卷喉痧正的一卷醫家心法一卷易氏醫案一卷
子部/醫家類/綜合之屬/合刻、合抄
（清）邱熺撰　&　十藥神書批注一

卷 （元）葛可久編 （清）陳念祖注 （清）林壽萱韻 & 喉痧正的一卷 （清）曹心怡撰 & 醫家心法一卷 （清）高鼓峰著 （清）胡珏評 & 易氏醫案一卷 （明）易大艮録
民國上海錦章圖書局石印本
瀘州

2084　尤氏喉科一卷附方一卷種痘心法一卷種痘指掌一卷
子部/醫家類/綜合之屬/合刻、合抄
（清）尤乘撰 &種痘心法一卷種痘指掌一卷 （清）朱奕梁撰
民國九年（1920）上海博古齋影印借月山房匯抄本
西南民大

2085　子華子醫道篇注一卷附義生堂書目提要一卷
子部/醫家類/綜合之屬/合刻、合抄
（晋）程木著 （清）張驥注 &義生堂書目提要一卷　張驥著
民國二十四年（1935）成都義生堂刻本
成都　川大　中醫大

2086　診宗三昧不分卷附傷寒舌鑒一卷
子部/醫家類/綜合之屬/合刻、合抄
（清）張登編
民國石印本
中醫大

2087　增廣驗方新編十六卷痧症全書三卷咽喉秘集二卷
子部/醫家類/綜合之屬/合刻、合抄
（清）鮑相璈編輯 （清）張紹棠增輯
民國上海大成書局石印本
中醫大

2088　增廣驗方新編十六卷痧症全書三卷咽喉秘集二卷
子部/醫家類/綜合之屬/合刻、合抄
（清）鮑相璈編輯 （清）張紹棠增輯
民國上海錦章圖書局石印本
安州區　川大

2089　增評童氏醫方集解本草圖説合刻二種
子部/醫家類/綜合之屬/合刻、合抄
（清）汪昂輯 （清）李保常批點
民國三年（1914）上海章福記書局石印本
南充

2090　大邑縣國醫文館林刊專號一卷
子部/醫家類/綜合之屬/雜著
惲鐵樵著
民國二十九年（1940）大邑縣國醫文館石印本
中醫大

2091　葛根湯一卷
子部/醫家類/綜合之屬/通論
（□）□□撰
民國刻本
廣元

2092　桂枝湯講義
子部/醫家類/綜合之屬/雜著
廖平著
民國刻本
川師大

2093　臨症經驗録不分卷
子部/醫家類/綜合之屬/雜著
（□）□□撰
抄本
中醫大

2094　華佗神醫秘傳二十二卷目録一卷
子部/醫家類/綜合之屬/雜著
（漢）華佗撰　（唐）孫思邈集
民國十一年（1922）上海大陸圖書公司鉛印本
省圖

2095　華佗神醫秘傳二十二卷目録一卷
子部/醫家類/綜合之屬/雜著
（漢）華佗撰　（唐）孫思邈集
民國十二年（1923）上海大陸圖書公司鉛印本
省圖

2096　華佗神醫秘傳二十二卷目録一卷
子部/醫家類/綜合之屬/雜著
（漢）華佗撰　（唐）孫思邈集
民國十四年（1925）上海大陸圖書公司鉛印本
省圖　成都

2097　歷代醫家傳略一卷
子部/醫家類/綜合之屬/雜著
熊志韜輯
稿本
省圖

2098　集中中醫書目不分卷
子部/醫家類/綜合之屬/雜著
正古堂書局編
民國二十五年（1936）成都正古堂刻本
中醫大

2099　市隱廬醫學雜著一卷
子部/醫家類/綜合之屬/雜著
（清）王德森撰
民國二年（1913）吴門刻本
中醫大

2100　釋名病釋一卷
子部/醫家類/綜合之屬/雜著
余岩撰
民國二十七年（1938）華豐印刷局鉛印本
省圖　成都　中醫大

2101　蜀中醫纂五卷附習醫規格一卷
子部/醫家類/綜合之屬/雜著
（清）陳清淳輯
民國十二年（1923）鉛印本
省圖　成都　川大

2102　蜀中醫纂五卷附習醫規格一卷
子部/醫家類/綜合之屬/雜著

（清）陳清淳著
民國二十年（1931）鉛印本
省圖 成都

2103 蜀堯研究中醫自鈔本一卷
子部/醫家類/綜合之屬/雜著
蜀堯抄
民國蜀堯抄本
省圖

2104 嵩厓尊生書十五卷
子部/醫家類/綜合之屬/雜著
（清）景日昣纂著
民國十七年（1928）刻本
川大

2105 鐵樵雜著四卷
子部/醫家類/綜合之屬/雜著
惲鐵樵著 章巨膺参校
民國三十年（1941）上海民友印刷公司鉛印本
省圖

2106 退思廬感證輯要四卷
子部/醫家類/綜合之屬/雜著
嚴鴻志輯 嚴智鶴校字
民國十年（1921）上海千頃堂書局石印本
中醫大

2107 西山楊鳳庭先生彙選古驗一卷
子部/醫家類/綜合之屬/雜著
（清）楊鳳庭輯
民國抄本
省圖

2108 消炎錦囊不分卷
子部/醫家類/綜合之屬/雜著
（□）□□輯
民國抄本
青羊

2109 學醫筆記一卷課餘雜著二卷
子部/醫家類/綜合之屬/雜著
（清）萬鐘著 （清）萬鈞著
民國上海醫學書局鉛印本
省圖

2110 醫門補要三卷采集先哲察生死秘法一卷
子部/醫家類/綜合之屬/雜著
（清）趙濂著輯 （清）馬培之鑒
民國上海中醫書局影印古本醫學叢書本
省圖 川大

2111 醫會紀要六卷
子部/醫家類/綜合之屬/雜著
胡秋帆著 門人諸子參訂 胡人綱校字
民國八年（1919）四川崇州街子場幽篁館刻本
省圖 中醫大

2112 醫林尚友録一卷
子部/醫家類/綜合之屬/雜著
章巨膺編
民國二十五年（1936）章巨膺醫寓鉛印本
川大

2113 醫林人物剪影一卷
子部/醫家類/綜合之屬/雜著

文琢之主編
民國三十六年（1947）鉛印本
省圖 成都

2114 醫籍考八十卷
子部/醫家類/綜合之屬/雜著
（日本）丹波元胤著
民國二十五年（1936）中西醫藥研究社影印無患室叢書本
省圖

2115 醫文字學一卷
子部/醫家類/綜合之屬/雜著
李天根輯
民國二十七年（1938）成都汲古醫學專門學校鉛印本
省圖

2116 醫學白話四卷
子部/醫家類/綜合之屬/雜著
（清）洪壽曼編
民國八年（1919）上海廣益書局石印本
省圖 川大

2117 醫學白話四卷
子部/醫家類/綜合之屬/雜著
（清）洪壽曼編
民國十六年（1927）上海廣益書局鉛印本
中醫大

2118 醫學白話四卷
子部/醫家類/綜合之屬/雜著
（清）洪壽曼編
民國二十四年（1935）上海廣益書局鉛印本
中醫大

2119 珍藏醫書類目二卷
子部/醫家類/綜合之屬/雜著
林鐘月編
民國十年（1921）掃葉山房石印本
中醫大

2120 最新實驗起死回生秘訣不分卷
子部/醫家類/綜合之屬/雜著
梅光鼎撰
民國十一年（1922）上海啓新圖書局石印本
省圖

新 學

2121 病恙兒童休藥指導八卷
新學/醫學
（美國）魏登瑪莉原著 傅葆琛編譯 蘇季芸校訂

民國三十四年（1945）蓉新印刷工業鉛印本
省圖

2122　病恙兒童休樂指導不分卷附兒童的天性一卷
新學/醫學
（美國）魏登瑪莉著　傅葆琛編譯　蘇季芸校訂　&兒童的天性一卷（美國）蕭弗羅著
民國三十四年（1945）華西大學石印本
省圖

2123　格氏小兒耳鼻咽喉病學一卷
新學/醫學
（英國）格思烈著　譚世鑫譯
民國十三年（1924）上海廣學書局鉛印本
省圖　安州區

2124　國粹體育拉弓射箭淺説不分卷
新學/醫學
曾鵬程撰
民國石印本
省圖

2125　豪慈小兒科問答一卷
新學/醫學
（美國）豪慈著
民國鉛印本
省圖

2126　護士應用飲食學不分卷
新學/醫學
（□）Perter C.Kiang 著　江清編譯
民國八年（1919）上海廣學書局鉛印本
安州區

2127　護士應用飲食學不分卷
新學/醫學
（□）Perter C.Kiang 著　江清編譯
民國二十年（1931）上海廣學書局鉛印本
省圖　安州區

2128　寄生蟲病學不分卷
新學/醫學
□□編
民國孫氏抄本
省圖

2129　解剖學七章
新學/醫學
（□）□□撰
民國國立成都大學球新印刷廠鉛印本
川大

2130　近世長壽法一卷
新學/醫學
（日本）田中佑吉著　丁福保譯
民國鉛印本
瀘州

2131　人體光學一卷
新學/醫學
覺真子撰
民國三十七年（1948）四川秋江印刷社石印本
省圖

2132　實用細菌學檢驗法不分卷
新學/醫學
陳少伯編著
民國三十二年（1943）鉛印本
省圖

2133　俟醫淺説一卷
新學/醫學
（□）Geprge H.Hope 著　石美玉譯
民國四年（1915）上海廣學會鉛印本
省圖

2134　體學撮要不分卷
新學/醫學
（英國）樂柯氏著
民國十二年（1923）上海廣學書局鉛印本
安州區

2135　西醫略論三卷
新學/醫學
（英國）合信氏著（清）管茂材同撰
民國石印本
瀘州

2136　西醫淺説不分卷
新學/醫學
程瀚章著
民國商務印書館鉛印本
通江

2137　西醫五種
新學/醫學
（英國）合信氏著（清）管茂材撰
（清）陳修堂撰
民國影印本
省圖

2138　細菌學初編不分卷
新學/醫學
口口撰
民國鉛印本
省圖

2139　細菌學初編不分卷
新學/醫學
口口撰
民國十六年（1927）上海廣學書局鉛印本
安州區

2140　細菌學初編不分卷補編不分卷
新學/醫學
口口撰
民國鉛印本
省圖

2141　細菌學初編一卷
新學/醫學
（美國）李德（Mary E. Reid）著
（美國）蓋儀貞　吴建庵編輯
民國十六年（1927）上海廣學書局鉛印本
安州區

2142　心身强健之秘訣一卷
新學/醫學
（日本）藤田靈齋著　徐雲譯
民國二年（1913）鉛印本
省圖

2143　藥物學不分卷
新學/醫學
（法國）安和授　吴均衡譯

民國石印本
瀘州

2144　醫林叢録一卷
新學/醫學
（清）王良譯
民國十一年（1922）重慶中西鉛石印局石印本
省圖

2145　英醫合信氏全體新論疏證二卷
新學/醫學
（英國）合信氏撰　張壽頤疏證　邵寶仁校
民國二十四年（1935）上海千頃堂書局鉛印本
中醫大

2146　嬰孩護病學一卷
新學/醫學
（□）DR.E.ROWLEY 撰
民國二十年（1931）上海廣學書局鉛印本
省圖　川大

2147　中國解剖史之檢討一卷
新學/醫學
侯寶璋撰
民國鉛印本
成都

2148　神經治療推測不分卷
新學/醫學/内科
陳益生撰
民國稿本
省圖

2149　中醫藥治癒腦瘤之經過一卷
新學/醫學/内科
余律笙撰　程天靈撰
民國三十六年（1947）四川省醫藥學術研究會鉛印本
省圖　中醫大

2150　中醫藥治癒腦瘤之經過一卷
新學/醫學/内科
余律笙撰　程天靈撰
民國四川醫藥文化福利供應社鉛印本
中醫大

2151　中醫藥治癒腦瘤之經過不分卷
新學/醫學/内科
余律笙撰　程天靈撰
民國鉛印本
省圖

2152　肌肉學一卷
新學/醫學/外科
王德煦授
民國石印本
犍為

2153　卡羅兩氏外科學
新學/醫學/外科
□□輯
民國上海協和書局鉛印本
川大

2154　生殖泌尿器病及花柳病簡編一卷
新學/醫學/外科

（美國）戴世璜著　余冠瀛述
民國十五年（1926）上海廣學書局鉛印本
省圖　安州區

2155　小外科不分卷
新學/醫學/外科
張紹麟抄
民國二十四年（1935）抄本
成都

2156　萬國藥方八卷
新學/醫學/方書
（美國）洪士提譯
民國八年（1919）鉛印本
成都

2157　萬國藥方八卷
新學/醫學/方書
（美國）洪士提譯
民國十一年（1922）中西五彩石印書局石印本
中醫大

2158　新萬國藥方十五卷
新學/醫學/方書
（日本）恩田重信著　丁福保譯述
民國十五年（1926）年上海醫學書局鉛印本
南充

2159　飛行生理學
新學/醫學/衛生學
張祖德著　繆天榮校
民國二十九年（1940）空軍軍醫訓練班鉛印本
省圖

2160　軍隊衛生學不分卷附救護法不分卷
新學/醫學/衛生學
劉文輝著
民國十五年（1926）鉛印本
三臺

2161　看護者用飲食學不分卷
新學/醫學/衛生學
上海護士公會編譯
民國九年（1920）上海廣學書局鉛印本
安州區

2162　看護嬰孩法一卷
新學/醫學/衛生學
（英國）樂柯氏著
民國十二年（1923）上海廣學書局鉛印本
安州區

2163　看護倫理學一卷
新學/醫學/衛生學
（□）梅教士著　王開基譯
民國九年（1920）成都華英書局鉛印本
安州區

2164　身理啓蒙十章
新學/醫學/衛生學
（英國）艾約瑟譯
民國鉛印本
南溪區

2165　生理新語四卷
新學/醫學/衛生學
惲鐵樵撰　徐衡之参校　章巨膺参校
民國十七年（1928）華豐印刷鑄字所鉛印本
省圖　中醫大

2166　生理新語四卷
新學/醫學/衛生學
惲鐵樵撰　徐衡之参校　章巨膺参校
民國二十五年（1936）上海民友印刷公司鉛印本
大邑　川大

2167　生理衛生學一卷
新學/醫學/衛生學
（日本）世户測講義
民國四川官報局石印本
樂山

附録1　分類排序

《全國古籍普查平臺用户手冊 V1.0》

子部	醫家類	類編之屬	
		醫經之屬	内經
			難經
		醫理之屬	陰陽五行、五運六氣
			藏象骨度
			病源病機
			綜合
		傷寒金匱之屬	傷寒論
			金匱要略
			綜合
		診法之屬	脉經脉訣
			歷代脉學
			其他診法
		針灸之屬	經絡腧穴
			針法及灸法
			通論
		推拿按摩外治之屬	
		祝由之屬	
		本草之屬	神農本草經
			歷代綜合本草
			本草藥性
			食療本草
			本草雜著

續表

子部	醫家類	方書之屬	歷代方書
			單方驗方
			成方藥目
		温病之屬	瘟疫
			痧症
			瘧痢
			其他温疫病證
		内科之屬	中風
			虛勞
			其他内科病證
		婦科之屬	産科
			廣嗣
			通論
		兒科之屬	痘疹
			驚風
			通論
		外科之屬	外科方
			癰疽、疔瘡
			瘋症、黴瘡
			其他外科病證
			通論
		傷科之屬	
		眼科之屬	
		喉科口齒之屬	白喉
			喉痧
			通論
		醫案之屬	
		醫話醫論之屬	
		養生之屬	導引、氣功
		綜合之屬	通論
			合刻、合抄
			雜著

附録2　各单位简称对照表

圖書館分類	地點	單位名	簡稱
公共圖書館	省館	四川省圖書館	省圖
	成都市	成都圖書館	成都
		青羊區圖書館	青羊
		新都區圖書館	新都
		温江區圖書館	温江
		郫都區圖書館	郫都
		崇州市圖書館	崇州
		大邑縣圖書館	大邑
	自貢市	自貢市圖書館	自貢
		榮縣圖書館	榮縣
		富順縣圖書館	富順
	攀枝花市	攀枝花市圖書館	攀枝花
	瀘州市	瀘州市圖書館	瀘州
		叙永縣圖書館	叙永
	德陽市	德陽市圖書館	德陽
		綿竹市圖書館	綿竹
		中江縣圖書館	中江
	綿陽市	綿陽市圖書館	綿陽
		綿陽市安州區圖書館	安州區
		江油市圖書館	江油
		梓潼縣圖書館	梓潼
		三臺縣圖書館	三臺

續表

圖書館分類	地點	單位名	簡稱
公共圖書館	廣元市	廣元市圖書館	廣元
		劍閣縣圖書館	劍閣
	遂寧市	遂寧市圖書館	遂寧
		蓬溪縣圖書館	蓬溪
	内江市	資中縣圖書館	資中
	樂山市	井研縣圖書館	井研
		犍爲縣圖書館	犍爲
	南充市	南充市圖書館	南充
		南部縣圖書館	南部
		西充縣圖書館	西充
	宜賓市	宜賓市圖書館	宜賓
		宜賓市南溪區圖書館	南溪區
		高縣圖書館	高縣
		筠連縣圖書館	筠連
		屏山縣圖書館	屏山
	廣安市	廣安市廣安區圖書館	廣安區
	達州市	達州市圖書館	達州
		達州市達川區圖書館	達川區
	巴中市	巴中市巴州區圖書館	巴州區
		通江縣圖書館	通江
	雅安市	雅安市圖書館	雅安
		滎經縣圖書館	滎經
	眉山市	仁壽縣圖書館	仁壽
	資陽市	安岳縣圖書館	安岳
	甘孜藏族自治州	甘孜藏族自治州圖書館	甘孜
	凉山彝族自治州	西昌市圖書館	西昌

續表

圖書館分類	地點	單位名	簡稱
高校圖書館	成都市	四川大學圖書館	川大
		成都中醫藥大學圖書館	中醫大
		四川師範大學圖書館	川師大
		西南民族大學圖書館	西南民大
		西南交通大學圖書館	西南交大
		西華師範大學圖書館	西華師大
	内江市	内江師範學院圖書館	内江師範
博物館	成都市	四川博物院	川博
	自貢市	自貢市鹽業歷史博物館	自貢鹽博
	凉山彝族自治州	凉山彝族自治州博物館	凉山州博
黨校系統	成都市	中共四川省委黨校四川省行政學院圖書館	省委黨校